西安财经学院2016年著作资助项目

转轨时期我国货币政策差异效应研究

宋长青◎著

中国社会科学出版社

图书在版编目（CIP）数据

转轨时期我国货币政策差异效应研究/宋长青著. —北京：
中国社会科学出版社，2016.12
ISBN 978 - 7 - 5161 - 9379 - 2

Ⅰ.①转… Ⅱ.①宋… Ⅲ.①经济转型期—货币政策—
研究—中国 Ⅳ.①F822.0

中国版本图书馆 CIP 数据核字（2016）第 280627 号

出 版 人	赵剑英	
责任编辑	刘晓红	
责任校对	周晓东	
责任印制	戴　宽	

出　　版	中国社会科学出版社	
社　　址	北京鼓楼西大街甲 158 号	
邮　　编	100720	
网　　址	http：//www.csspw.cn	
发 行 部	010 - 84083685	
门 市 部	010 - 84029450	
经　　销	新华书店及其他书店	
印　　装	北京君升印刷有限公司	
版　　次	2016 年 12 月第 1 版	
印　　次	2016 年 12 月第 1 次印刷	
开　　本	710×1000　1/16	
印　　张	13.75	
插　　页	2	
字　　数	206 千字	
定　　价	66.00 元	

凡购买中国社会科学出版社图书，如有质量问题请与本社营销中心联系调换
电话：010 - 84083683
版权所有　侵权必究

摘　要

　　当前我国经济面临前所未有的复杂局面，一方面金融危机后世界范围内经济回暖的基础尚不稳固，另一方面我国经济正处于转轨时期，经济转型、结构调整的双重任务十分艰巨。经济发展与社会发展不平衡，行业、区域、城乡发展的不平衡以及不同所有制经济体发展的不平衡等现象，势必造成统一制定实施的货币政策的差异化反应，甚至还会造成社会经济发展差异不断增大、经济结构问题不断扩大等严重后果。上述问题已经引起了学术界、中央银行和政府部门的高度重视。经济在不同层面表现出来的不均衡是否会造成货币政策差异效应的产生？我国货币政策差异效应是否会加重经济结构的不合理现象？如何灵活运用差异化货币政策使我国经济结构得到优化调整？厘清上述问题不仅能使货币政策操作更好地适应经济发展的客观规律、提高货币政策效力，而且关系到我国经济结构能否实现优化升级从而消除进一步发展的制约。因此，在转轨时期的历史背景下，立足经济结构全面认识货币政策差异效应，无论在理论上对我国货币政策体系的完善还是现实中提高我国货币政策调控的有效性和准确性，都有着重要意义和价值。

　　本书在对相关文献进行梳理的基础上，以最优货币区、货币政策有效性等经济学理论为基础，以我国经济体制转轨时期和金融危机后经济结构失衡的总体特征为出发点，重点研究了当前我国货币政策的差异化效应问题。首先，构建了我国货币政策差异效应的理论分析框架；其次，在理论分析框架的基础上，运用我国经济运行中的大量数据和向量自回归（VAR）模型和面板数据（Panel Date）

模型，分别从区域、城乡、行业和不同性质企业四个方面对我国货币政策的差异效应进行实证检验并对结果进行经济解释；最后，从体制和制度的角度探索我国货币政策差异化效应产生的深层次原因，并根据研究结论提出差异化货币政策操作的相关政策建议。

本书的创新主要包括以下几个方面：

（1）构建了将结构调整包含在货币政策目标内的货币政策理论分析框架，丰富和完善了以经济发展、稳定物价、充分就业和国际收支平衡为政策目标的货币政策理论体系和研究成果。经济结构失衡是制约经济可持续发展的重要因素，经济结构优化调整是当前宏观经济发展的重要目标。现有货币政策传导机制主要把经济增长和物价稳定作为最终目标，这种分析范式存在不足，也难以解释货币政策对经济结构的实际作用效果。鉴于此，本书以结构优化分析为视角，研究货币政策在经济结构不同层面的差异化效果，期待为货币政策影响经济结构方面的研究做出一点探索。

（2）对比分析了货币政策正向冲击和负向冲击的不同效应，揭示了我国货币政策效应的区域、行业、城乡以及不同所有制企业间的异质性规律。以往对货币政策差异效应的分析大多分为横向分析和纵向分析，横向分析即扩张型和紧缩型货币政策的差异效应，纵向分析则是在不同方面如区域、产业等方面的分析。本书通过构建货币供给方程，在经济结构的不同层面分别实证检验了扩张型和紧缩型货币政策的不同反应，对以往纵横分明的研究方法做出改进，使货币政策差异效应的研究更为细致，相关建议也更具可操作性。

（3）从经济体制和制度安排的角度探索了货币政策作用于经济结构不同层面如区域、行业、城乡以及不同所有制企业时产生差异效应的深层次原因。与经典理论不同的是，我国经济体内部存在极大的异质性，加之我国正处于经济体制转型的特殊时期，经济结构不同层面的不均衡发展和制度体制安排不合理之间的"错位"现象才是我国货币政策效应表现出巨大差异性的根本原因。这种差异性仅从经济学经典理论很难解释，本书从我国经济体制和制度安排的角度探索现实现象的解释，具有一定的创新性。

（4）探索了有利于当前经济结构调整的差异化货币政策操作方法。当前我国经济发展错综复杂的环境和结构优化调整的政策目标对货币政策的有效性和灵活性都提出了新的要求。央行不仅要在货币政策的操作上把握节奏动态微调，更要在各种工具间合理搭配，用差异化货币政策操作应对复杂多变的经济环境。本书从存款准备金率、再贴现和再贷款、窗口指导和道义劝告、差异化管理方式以及政策倾斜等多个方面对差异化货币政策操作进行了探索，与以往研究相比所提建议更具体、更具有可操作性。

关键词： 货币政策　经济结构　差异效应　差异化操作

Abstract

China's current economic situation facing the hitherto unknown complex, a financial crisis after the foundation of the world within the scope of the economic recovery is not solid, on the other hand, China's economy is in transition period, economic transition, and structural adjustment is a very difficult task. The economic development and social development is not balanced, industry, regional, urban and rural development is not balanced and the different ownership economy development unbalance phenomenon, will inevitably cause a different response to develop a unified implementation of monetary policy, or even result in the development of social economy, the increasing difference between economic structure expanding and other serious consequences. These problems have aroused the attention of the academic circles, the central bank and government departments. The economy caused by differences of monetary policy effects at different levels show whether or not equilibrium? The unreasonable phenomenon whether China's monetary policy effect will increase the economic structure? How to flexibly use the difference of monetary policy in China's economic structure has been optimized to adjust? To clarify these problems not only can make the operation of monetary policy to better adapt to the objective laws of economic development, improve the effectiveness of monetary policy, but also related to China's economic structure can achieve the optimization and upgrading so as to eliminate the factors which restrict the further development. Therefore, in the transition period of the historical background, economic structure based on the comprehensive understanding of differences of monetary policy effects, no matter in theory to improve the monetary policy system of China is the reality and improve the validity and accuracy of the regulation of monetary policy in China, has important theoretical significance and practical value.

Based on the survey of relevant literature, the optimal currency area, the effectiveness of monetary policy and other economic theory as the foundation, in the transition period of China's economic system and the financial crisis after the general characteristics of the imbalance of economic structure as the starting point, focus on the effect of the difference of China's monetary policy issues. First, from the perspective of constructing the behavior of market participants from China's monetary policy effect analysis framework; secondly, in the theoretical analysis framework, the use of large amounts of data and vector in the operation of China's economy autoregressive (VAR) model, impulse response analysis and panel data model (Panel Date), respectively, from the five aspects of regional, urban and rural areas, industry, different enterprises and employment structure differences on China's monetary policy effect and the empirical testing of economic interpretation of the results; finally, to explore the deep – seated reasons of the differences in the effects of monetary policy in China from the system perspective, and puts forward relevant policy suggestions of monetary difference according to the conclusions of the policy operation.

The innovation of this paper mainly includes the following several aspects:

Firstly, Will be included in the construction of structural adjustment of monetary policy target in monetary policy analysis framework, to enrich and improve the economic development, price stability, full employment and balance of payments as the policy goal of monetary policy theory and research achievements. The unbalance of the economic structure is an important factor restricting the sustainable economic development, optimizing the economic structure adjustment is an important goal of the current macro economic development. The transmission mechanism of monetary policy to economic growth and price stability as the ultimate goal, this paradigm is inadequate; it is difficult to explain the actual effect of monetary policy on economic structure. In view of this, based on the structure optimization analysis, explores the differences in the different level of economic structure effect of monetary policy, monetary policy has opened up a new field of adjusting economic structure.

Secondly, comparative analysis of the positive impact of monetary policy and the negative impact of the different effects, reveals the effect of Chinese monetary policy in the region, industry, urban and rural employment structure, and enterprises of different ownership heterogeneity between law. Analysis of past differences in the effects of monetary policy are divided into horizontal analysis and vertical analysis, the difference analysis effects of transverse expansion and tightening of monetary policy, the longitudinal analysis is analysis in different aspects such as regional, industry etc. . The money supply equation, for the first time in different levels of economic structure are tested in different reaction expansion and tightening monetary policy, with improvements on the previous and distinct research methods, research the differences of monetary policy effects is more detailed, but also more practical suggestions.

Thirdly, deep reasons from the arrangement of the economic system and the system point of view to explore the role of monetary policy in different aspects such as regional economic structure, industry, urban and rural areas, enterprises of different ownership and employment structure have different effect. Different from the classical theory, the heterogeneity of great internal economy of our country, and our country is in a special period of economic transition, different levels of economic structure and balanced development of the system arrangement of dislocation phenomenon between irrational is the effect of Chinese monetary policy is the fundamental reason of great difference. The only difference from the classical theory of economics is difficult to explain, from the economic system of our country and the institutional perspective to explore the reality phenomenon, has certain innovation.

Fourthly, eplores differences to the current economic structural adjustment of monetary policy operation method. China's current economic development environment and perplexing structure optimization and adjustment of the policy objectives have put forward new requirements for the effectiveness of monetary policy and flexibility. The central bank should not only in the operation of monetary policy to grasp the rhythm dynamic fine - tuning, more reasonable collocation in a variety of tools, with the difference of monetary policy to deal with the complicated and changeable economic environment. From the many aspects of the deposit reserve rate, rediscount and re loan, window guidance and moral suasion, different management methods and policies of different monetary policy are explored, compared with the previous research proposals more concrete and more operational.

Key words: monetary policy   economic structure   difference effect differential operation

目　录

第一章 绪论

第一节 选题背景

改革开放 30 多年来，财政政策和货币政策作为最重要的两大宏观调控措施，对我国宏观经济运行一直起着"保驾护航"的重要作用。但随着外部经济环境的不断改变和我国经济、金融体制改革的不断深化，以及经济体制转轨进程的不断推进，我国宏观经济调控模式也不断地发生着改变。中国的财政政策由于财力上的限制性，其调控职能逐渐趋于弱化，而货币政策在维持国民经济平稳较快发展等方面的调控职能逐渐凸显，进而被频繁使用。由于货币政策发挥作用是经济发展过程中的内部选择，货币政策承担经济主要调控职能的局面在相当长时期内还会存在。因此，货币政策能否作用于实体经济进而达到预期目标，即货币政策的效用如何在很大程度上决定了一国实体经济的健康与否。

货币政策作为一种总量调控政策，通过中央银行运用货币政策工具影响金融中介机构，进而引导经济主体的行为，最终影响整体经济、实现特定的政策目标。传统观点认为货币政策属于总量政策，央行作为货币政策的制定者，应将货币政策作用范围定位于国民经济整体。回顾我国货币政策的执行历史，也正是在这个理论基础上运用货币政策调控中国宏观经济的。

不可忽略的是，传统货币理论的假设前提是经济体具有同质性。

然而与西方经济体相比，我国国情不尽相同，经济体制、经济体内部基础、市场化程度等方面均存在较大差异，这些因素决定了我国货币政策的差异效应的表现形式和形成因素都更加复杂。另外，我国现阶段正处于体制转轨、结构调整时期，经济社会发展过程中出现的经济结构与发展阶段不匹配的问题尤其突出，经济发展与社会发展不平衡、产业、区域、城乡发展的不平稳以及不同所有制经济体发展的不平衡等现象，必然造成不均衡经济体和以宏观调控为目标的货币政策之间的矛盾，从而产生同一货币政策下效应完全不同的结果。货币政策差异效应的存在，不仅会增加中央银行宏观调控的难度，还会降低调控的准确性。我国央行目前已经对货币政策的差异化效应有所关注，逐步提出了货币政策适度差异化操作的应对方法，如对不同所有制银行实施不同的存款准备金率、支农再贷款给予优惠利率、中小企业信贷优惠政策等，但这些差别化操作无论是作用范围还是作用力度都远远不够。

2013 年 7 月，国务院办公厅正式发布《关于金融支持经济结构调整和转型升级的指导意见》。该指导意见明确指出，要充分发挥金融对经济结构调整和转型升级的支持作用。首先，在配置资源的方式上要改变以往政策对市场的干预，充分发挥市场这只"看不见的手"对资源配置的基础性作用；其次，要改变以往政策间彼此分割的执行方式，使金融政策、财政政策和产业政策等协调配合共同发挥作用。通过该意见可以看出，目前货币政策仍然是我国央行调控实体经济的重要手段，并且货币政策的结构调整效应已被正式提出。

当前我国经济外部环境的复杂性以及转轨时期经济体内部体制上的复杂性都更加突出，货币政策差异效应不仅会影响货币政策最终目标的实现，还会造成社会经济发展差异不断增大、经济结构问题不断扩大等严重结果。如何加强货币政策与产业政策、金融监管政策等相关政策的有机协调配合，通过货币政策优化配置信贷资源进而引导实体经济努力实现总量和结构的双重优化，这都需要不断深化对货币政策效应的认识和理解。探究货币政策差异效应的产生原因、作用机理及具体路径是使货币政策操作更好地适应经济发展的客观规律、提高货币政策效力的一项基础性工作，更是增强货币政策调控的灵活性以及提高差异化货币政策可行性的重要保障。因此，在经济转轨、结构调整的历史背景下，立足经济结构全面认识货币政策的效应以及货币政策差异效应的产生原因、传导机制，无论在理论上对我国货币政策体系的完善还是现实中提高我国货币政策调控的有效性和准确性，都有着重要意义。

第二节　研究意义

本书的研究目的是通过深入的理论研究与实证分析，建立对我国经济结构不同层面的货币政策效应的正确认识，在此基础上考察我国货币政策对经济结构不同层面效用影响的作用机理，最终从差异化操作角度提出调整我国经济结构、保证我国经济长期稳定发展的政策建议。

一　理论意义

1. 进一步丰富和完善我国货币理论体系

货币政策差异效应是货币经济学理论的一个前沿问题，它在货币非中性理论的基础上对货币政策作用的研究更进一步深化和细化。早在 1955 年，Scott 就在美国经济数据基础上对货币政策的区域效应做出了研究。之后国外在此方面尽管进行了大量的研究，但是由于国情差异我国可借鉴的地方并不多。近年来，我国学者在货币政策效用非对称性方面也做出了大量研究，但不可否认的是，现有研究多限于产业和区域层面。当前我国经济处于转轨时期，区域、行业、城乡以及不同所有制企业之间的矛盾日益加剧，现有理论研究对区域和产业以外的方面鲜有涉及。因此，从经济结构多角度全面而系统地对货币政策的效应进行研究，将有助于提高对我国货币政策效应的认识，完善现有货币经济学理论。

2. 为结构调整寻求依据，从机制上、体制上对我国经济结构各个层面的货币政策效用差异产生的原因进行深入分析

以往对货币政策差异效应的研究多着眼于定量方面，即基于现实经济数据的实证分析，这仅仅能说明货币政策差异效应是真实存在的。关于货币政策差异效应产生原因和作用机理的相关研究较少。本书从经济结构的区域、行业、城乡以及不同所有制企业四个层面入手，从制度、体制及其演变模式等角度，全面而深入地对我国经济结构各个层面的货币政策差异效用的产生原因进行了分析。

3. 有利于建立起一个把经济结构调整包含在货币政策目标内的、更加完善的货币政策运行体系

货币政策和经济结构本是一个互动的有机整体，在现实操作中货币政策的总量调控作用一直被强调而对经济结构的调节作用却没有得到充分的发挥。近年来，随着我国财政政策的调控职能趋于弱化，学者们开始越来越多地关注货币政策对经济结构的影响。2013年7月，国务院办公厅发布的《关于金融支持经济结构调整和转型升级的指导意见》中，货币政策的结构调整效应已被正式提出。从经济结构多个层面全面而系统地对货币政策的效应进行研究，是构建将调节经济结构包含在货币政策目标内的货币政策运行体系、探索运用货币政策调节经济结构的有效机制的基础。

二 现实意义

1. 为中央银行货币政策的制定提供更加全面、系统的分析判断思路

传统的货币政策制定和实施过程中较少考虑经济体的异质性对货币政策效果的影响，但理论和实践证实我国货币政策在经济结构不同层面的差异效应确实是存在的，即货币政策存在差异效应。经济体的非同质性会影响货币政策的传导，进而影响到宏观货币政策目标的实现。研究货币政策在区域、行业、城乡以及不同所有制企业之间的差异效应，能够为我国货币政策的制定提供一个更加全面

的分析和判断思路，进而为货币政策调控有效性和准确性的提高提供科学保证。

2. 为我国差异化货币政策的实施提供依据

2012 年的中央经济工作会议指出货币政策操作要注意把握好"度"，并要求增强货币政策实施的灵活性。要做到灵活操作货币政策和准确把握操作力度以提高货币政策效率，关键点在于判断货币政策会产生怎样的效应以及此种效应的形成机制。当前我国正处于经济转型期，经济在多个层面存在着不平衡问题，异质性渗透在货币政策传导过程的中间环节中，影响着货币政策的实施效果。本书的研究揭示了中国经济的异质性如何影响货币政策差异效应的产生，从而为中央银行差别化货币政策调控提供了操作依据，同时也为当前资源配置不当造成的经济结构失衡提供了改革依据。

3. 为我国货币金融政策调整经济结构的实施奠定基础，有利于我国经济结构调整的实现

2013 年 7 月发布的《关于金融支持经济结构调整和转型升级的指导意见》中强调，要充分发挥金融对经济结构调整和转型升级的支持作用。在经济转型时期，正确认识货币政策作用于金融体系最终到实体经济部门的影响渠道、影响程度和影响时间是保证货币政策有效发挥作用的关键。本书的研究从以往重视货币政策的总量分析过渡到重视货币政策的结构分析，从经济结构上把握货币政策效应的差异，为我国金融政策调整经济结构的实施奠定基础，有利于我国经济结构调整的实现。

第三节　概念的界定

一　货币政策效应

货币政策效应是指货币当局在制定和实施货币政策时对社会经济产生影响的总称。主要包括数量方面的影响、价格方面的影响和

时间方面的影响。货币政策效应的结果是否符合货币政策目标,这可以反映出一个国家的货币政策运用是否妥当。通过货币政策工具,货币政策可以影响的宏观经济变量很多,可以体现在利率水平、信贷水平上,更会表现在经济增长、物价水平等,本书中重点考察货币政策对产出水平和收入水平的影响。

二 货币政策差异效应

差异效应是指效应产生的不同层面、不同对象、不同结果所构成的组成整体效应的各部分的搭配和安排。在本书中,货币政策差异效应可定义为统一制定实施的货币政策在宏观经济结构的不同层面产生的影响所组成的体系。具体而言,在本书中,货币政策差异效应是指宏观经济运行中,由于自身特质和所处环境导致的经济结构中不同变量和各层次货币之间的作用关系存在差异,不同经济主体对货币政策的预期和敏感程度不同,从而造成的统一货币政策变动对经济结构不同层面,如区域之间、行业之间、城市与农村、不同所有制企业以及就业结构之间一些主要宏观经济变量产生的在大小、时滞和持续时间等方面的影响差异。货币政策差异效应有很多表现形式,根据我国经济结构的特点和货币政策的作用方式,主要表现为货币政策的区域效应、产业效应、城乡效应和不同所有制企业效应等。

事实上,由于现实经济中不同微观经济主体差异的客观存在性,货币政策的差异效应是显著存在的。货币政策效应的产生会受到多种因素的影响,例如,经济主体异质性的大小、制度和体制的安排以及货币政策工具的选择和运用等,这些因素共同作用,小到对微观经济参与者、大到对整个宏观经济运行产生积极或者消极的影响。因此,开展对货币政策差异效应问题的系统性研究,具有理论和现实双重意义。既可以从理论层面研究货币政策差异效应的表现形式和产生原因,丰富我国货币政策的理论体系,又可以基于经济社会发展中的现实矛盾和问题提出相关的对策和建议,引导货币政策发挥对经济结构调整和转型升级的支持作用,进而完成对经济社会不同层面的调控作用。

第四节 研究思路和方法

一 研究思路

本书在文献梳理基础上，首先从现有统一制定实施的货币政策与经济结构各个层面的不平衡现象之间的矛盾出发，在回顾我国货币政策实践历史和经济改革发展轨迹的基础上，发现现有统一制定实施的货币政策存在的不足，在一些层面上甚至会加深经济结构的不平衡。之后，通过梳理货币政策传导机制理论，探索货币政策如何通过传导机制影响经济结构的各个层面，试图总结出货币政策在经济结构各层面产生不同效用的作用机理以及各层面效用的内涵和表现形式。然后，文章在 VAR 计量模型和面板数据模型的分析框架下通过实证方式分区域、产业、城乡以及不同所有制企业四个方面验证我国货币政策的效用。其中，各部分实证均分为正向货币政策冲击和负向货币政策冲击两个方面，以验证经济周期不同阶段货币政策在经济结构各层面效用的差异。在全面、系统地反映出货币政策在经济结构各层面效用的基础上，综合考虑我国当前国情和实证分析的结果，结合当前经济结构中存在的问题，提出当前完善货币政策传导机制的方案和我国货币政策操作中应该采取具体的措施。

二 研究方法

1. 文献研究法

对货币政策有效性及其货币政策效用相关的国内外文献进行全面系统的梳理，在此基础上归纳总结已有文献的贡献与存在的不足，结合我国当前经济结构在多个层面表现出不平衡的特征与货币政策运行具体情况，延伸出本书的研究思路。

2. 理论分析法

在对货币政策理论进行全方位的梳理和总结的基础上，本书对货币政策差异效用进行了系统而全面的研究，以期对货币政策在经济不同层面的传导机理以及差异效应的形成机理有比较清晰的认识。在研究货币政策效用的作用机制时，本书在传统货币政策理论演进和我国现实经济发展轨迹相结合的基础上进行定性研究，建立货币政策在经济结构不同层面产生效用的理论模型，试图从机制演进和体制变化的角度寻求对货币政策差异效用在理论上作出解释。

3. 规范分析法

在传统货币政策传导基本原理的基础上，本书通过逻辑推导出货币政策效用传导机理，并通过实证研究进一步检验货币政策效用结果。定性分析和定量分析相结合的研究方法，一方面使货币政策差异效应的研究具备了全面性，另一方面有利于研究成果在现实操作中的具体应用。在此研究基础之上，根据国内外相关研究，在比较和总结的基础上对未来我国货币政策的实施提出总体思路和若干具体政策措施。

4. 实证研究法

传统的研究多是从总量的角度把握货币政策效应的作用结果，但对当前转型时期的中国社会发展而言，多元经济结构明显，货币政策通过异质性经济体进行传导，导致货币政策效用也呈现出结构性差异（包括对区域结构、产业结构以及城乡结构等的影响）。在研究货币政策效用的差异性时，本书运用单位根检验、协整检验、向量自回归模型（VAR）、脉冲响应函数以及面板数据（Panel Date）模型等多种方法对货币政策在经济结构不同层面的效用进行实证研究，为理论模型提供了经验证据。将定性研究法和定量研究法相结合，有利于从理论和实践的角度全方位把握事物发展的本质和规律。

因此，本书从我国经济结构与货币政策运行的现实情况入手，理论研究与推理演进相结合、规范研究与实证研究相结合，并借助货币银行学、制度经济学、金融学、统计学、计量经济学等相关学科的理论与研究方法，所以本书的研究及其相关技术手段具有可行性。

第五节 研究内容与框架

一 研究内容

本书以最优货币区、货币政策有效性等理论为依据，在对相关文献和现阶段我国经济在多个层面的不平衡发展现状进行梳理和总结的基础上，立足当前我国正处于经济转轨、结构调整的特殊历史阶段，从货币政策区域效应、城乡效应、行业效应以及不同性质企业效应等多个层面系统地研究了我国货币政策的差异效应及其作用机理。本书共八章，从整体框架来看，可概括为"问题提出——理论分析——实证检验——研究总结"的逻辑关系。本书各章的内容安排如下：

第一章，绪论。本章主要由本书的研究背景、研究目的与研究意义组成，从宏观上呈现出本书的研究框架、研究内容、研究方法与主要创新点。

第二章，文献综述。根据研究的视角和方法的不同，将以往文献分为基于研究观点的综述和研究方法的综述两大类进行梳理，在此基础上对文献进行评述，找出以往文献研究的成果与不足，明晰本书的研究目的和研究意义。

第三章，转轨时期我国货币政策差异效应的理论分析框架。本章首先回顾货币政策差异效应的相关理论，重点介绍货币政策传导机制和货币政策差异效应的形成机理。在此基础上提出本书分析的一般前提：基于经济转轨、结构调整的特殊时期这样一个基本前提。其次回顾了我国货币政策传导机制的变迁过程，在此基础上揭示了我国当前货币政策操作的特殊性和复杂性。最后借鉴古典经济学的研究思路，构建了包含制度因素在内的经济增长数理模型来说明转轨阶段，制度和政策安排如何影响货币政策效应的形成。

第四章，转轨时期我国货币政策区域效应分析。首先从我国区域经济发展不平衡现状和货币政策之间存在"错位"现象出发，通过构建货币供给方程，将货币政策具体划分为扩张型货币政策和紧缩型货币政策，为进一步实证打好基础。然后运用 VAR 计量模型以及脉冲响应方法，分别考察了我国经济转轨阶段扩张型货币政策和紧缩型货币政策的区域效应。

第五章，转轨时期我国货币政策城乡效应分析。首先从我国城乡经济发展不平衡现状的描述出发，发现我国货币政策与城乡经济发展的变动趋势之间存在矛盾，货币政策的实施会进一步加剧我国城乡经济差异。其次，运用 1978—2013 年我国经济处于转轨阶段的宏观数据，通过脉冲响应方法分别检验了扩张型货币政策和紧缩型货币政策对城乡经济发展的具体影响。最后，分析了货币政策城乡效应差异产生的原因。

第六章，转轨时期我国货币政策行业效应分析。首先，本章同样从我国行业发展不平衡现状的描述出发，发现我国货币政策与行业结构优化发展之间存在矛盾。其次，根据行业的异质性特征，选取我国国民经济行业划分标准中的 19 个行业 2003—2013 年的相关数据，运用面板数据计量模型实证方法，研究对比我国各个行业对扩张型货币政策和紧缩型货币政策的差异效应。最后，针对面板数据检验结果对货币政策传导过程中出现的行业效应的产生原因作了深入剖析。

第七章，转轨时期我国货币政策不同性质企业效应分析。本章首先从我国经济发展中出现的国有企业和非国有企业发展两极分化现象出发，发现我国货币政策与不同性质企业发展之间存在冲突，货币政策的实施不利于我国经济结构的优化调整。其次在 VAR 模型的分析框架上，通过脉冲响应函数考察了我国不同性质企业对扩张型货币政策和紧缩型货币政策的不同效应。最后从我国转轨进程中经济体制的变迁角度，探寻了我国不同性质企业货币政策差异效应产生的原因。

第八章，结论与展望。在本章的内容安排中，首先对本书的主要研究结论进行了归纳总结，其次根据前文理论分析与实证研究结果，并结合我国经济和金融体系发展的实际情况，较为系统地提出了改进我国货币政策效率的相关政策建议，最后对未来进一步的研究方向进行了展望。

二 研究框架

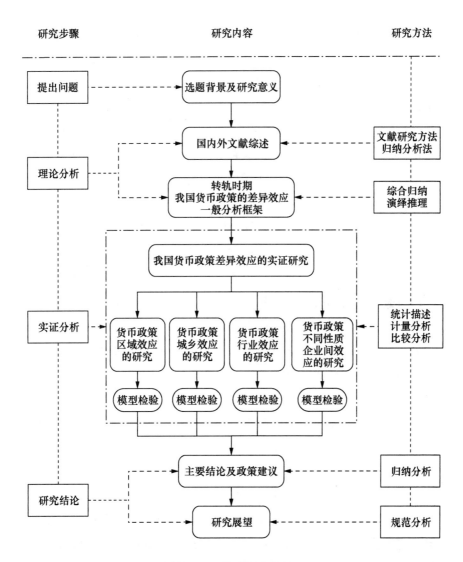

图1-1 本书研究框架

第六节　主要创新点

综观全篇，本书创新点主要体现在以下四个方面：

（1）构建了将结构调整包含在货币政策目标内的货币政策理论分析框架，丰富和完善了以经济发展、稳定物价、充分就业和国际收支平衡为政策目标的货币政策理论体系和研究成果。经济结构失衡是制约经济可持续发展的重要因素，经济结构优化调整是当前宏观经济发展的重要目标。现有货币政策传导机制主要把经济增长和物价稳定作为最终分析目标，这种分析范式存在不足，也难以解释货币政策对经济结构的实际作用效果。鉴于此，本书以结构分析为视角，探索了货币政策在经济结构不同层面的差异化影响效果，为我国运用货币政策调控经济运行的相关操作提供依据。

（2）将政策冲击分解为正向冲击和负向冲击来对比考察货币政策的差异效应，揭示了我国货币政策效应的区域、行业、城乡以及不同所有制企业间的异质性规律。以往相关研究中在对货币政策差异效应进行考察时，分析角度大致可分为横向分析和纵向分析，横向分析即扩张型和紧缩型货币政策的差异效应，纵向分析则是在不同方面如区域、产业等方面的分析。本书通过构建货币供给方程将货币政策分解为扩张型和紧缩型，在经济结构的不同层面分别实证检验了扩张型和紧缩型货币政策的不同反应，对以往纵横分明的研究方法做出改进，使货币政策差异效应的研究更为细致，相关建议也更具可操作性。

（3）从经济体制和制度安排的角度探索了货币政策作用于经济结构不同层面，如区域、行业、城乡以及不同所有制企业时产生差异效应的深层次原因。与经典理论不同的是，我国经济体内部存在极大的异质性，加之我国正处于经济体制转型的特殊时期，经济结构不同层面的不均衡发展和制度体制安排不合理之间的"错位"现象才是我国货币政策效应表现出巨大差异性的根本原因。这种差异性仅从经济学经典理论很难解释，本书从我国经济体制和制度安排的角度探索现实现象的解释，具有一定的创新性。

（4）探索了有利于当前经济结构调整的差异化货币政策操作方法。当前我国经济发展错综复杂的环境和结构优化调整的政策目标对货币政策的有效性和灵活性都提出了新的要求。央行不仅要在货币政策的操作上把握节奏动态微调，更要在各种工具间合理搭配，用差异化货币政策操作应对复杂多变的经济环境。本书从存款准备金率、再贴现和再贷款、窗口指导和道义劝告、差异化管理方式以及政策倾斜等多个方面对差异化货币政策操作进行了探索，与以往研究相比所提建议更详尽具体，也更具可操作性。

第二章 文献综述

　　本书主要是针对当前我国央行以"数量型"货币政策工具为主进行宏观调控以及在经济转型、结构调整的特殊阶段，我国经济结构在多个层面表现出强烈的不平衡性的背景下，探讨货币政策在经济结构的不同层面产生的差异效应。关于货币政策宏观经济效应讨论最多的也是争议最大的就是货币政策是否有效的问题。理论界对货币政策是否有效的问题概括为货币中性问题。如果货币是中性的，也即表明相应的货币政策无效。反之，如果货币是非中性的，即表明货币政策有效。在本书的研究逻辑中，货币政策的有效性是货币当局制定实施货币政策，进而对宏观经济产生效用的必要性前提。由于受研究方法、模型的设定以及货币政策实施所处的经济环境等主观和客观因素的影响，使货币政策是否中性在 20 世纪的学界一直存有很大争议。

　　为了本书研究的顺利进行，本章对相关文献进行了综述。综述部分首先对早期经济学理论界货币中性与非中性观点之间展开的理论争辩进行梳理，之后在货币政策有效性基础上按照货币政策区域结构效应、货币政策产业结构效应、货币政策城乡结构效应、不同性质企业货币政策效应以及货币政策就业结构效应五个方面展开国内外现有文献综述。基于对既有研究的评述，本章最后提出了本书研究的进展方向。

第一节 货币中性与非中性的理论之争

关于货币政策宏观经济效应讨论最多的也是争议最大的就是货币政策是否有效的问题。综观理论界货币中性与非中性之争，各经济学派的理论都在不断地进行着发展。追溯货币中性与非中性问题的思想渊源，大卫·休谟（D. Hume）最早在《货币论》中陈述了货币数量论的基本思想，即流通中的货币根本无法对价格体系中的相对价格造成实质性影响，流通中货币数量的增加只会引起全社会范围内价格水平同比例的增加。各学派研究立足于不同历史阶段，当时的经济环境以及研究方法等主客观因素对理论研究的发展均有不同程度影响，因此，20 世纪以来关于货币中性与非中性的争论从未停止。

1. 古典经济学关于货币作用的观点

在 1776—1879 年的古典时期，法国经济学家萨伊（J. B. Say）提出"货币面纱观"（The Vell – View of Money），指出货币经济实际上只不过是实物相互交换的过程，货币对实际经济不会产生任何实质性的影响，只不过是罩在上面的一层面纱。萨伊的这种观点是货币中性的集中体现，也是古典经济学与新古典经济学的经济"二分法"观点。但是随着现实经济与理论研究的不断变化与发展，货币中性的观点开始受到学者们的质疑。20 世纪 70 年代，法国经济学家约翰·罗在其著作《论货币和贸易——兼向国家供应货币的建议》中首次提出了货币非中性论的思想，开辟了货币非中性观点。之后，1898 年瑞典经济学家威克塞尔（Knut Wicksell）在其代表作《利息与价格》（*Interest and Prices*）一书中正式提出"货币非中性"这个概念。他批判了货币数量论对货币的肤浅认识，强调货币理论要从单纯的货币价格向货币的经济理论转变。威克塞尔认为货币政策可以影响利率进而对经济产生影响，因此政府有必要采取一定的货币政策使经济达到均衡状态。这一理论也被称为"累积过程理论"。威克塞尔主张通过事前调整银行利率水平来影响经济活动，防止经济萧条。威克塞尔是古典经济学中早期货币非中性论的代表人物。他最早明确地向萨伊定律和传统理论提出挑战，因而威克塞尔被称为是提出"货币非中性"观点的里程碑式人物。他提出的"累积过程理论"为货币政策传导机制理论的正式提出提供了理论上的准备。但威克塞尔的理论也存在许多不足之处，尤其需要指出的是，威克塞尔关于货币的非中性作用侧重于强调货币对经济的负面影响，但关于货币对经济的正面影响论述较少。

随着经济学理论的逐渐发展，古典经济学关于货币作用的论述中货币中性论观点逐渐占据了主要地位。古典经济学中货币中性的观点是在对货币职能的论述中表达出来的。古典经济学派众多代表人物都是该观点的支持者，如威廉·配第（William Petty）、穆勒（John Stuart Mill）等，这些经济学家对货币职能的论述都是建立在货币仅仅执行流通手段这一单一作用的基础上，而对货币在经济运行中发挥的其他职能均持否定态度。他们的观点基本一致，只是表述略有不同。古典经济学派中持货币中性论的经济学家认为，在长期中经济发展完全是由实体部门决定的，货币在经济运行中仅仅充当工具性质，只是商品交换过程中被需要。任何积极的货币政策都是无益的，满足交换过程中的货币需求以及维持币值稳定才是政府部门通过货币政策需要达到的目标。

2. 传统货币数量论的货币非中性观点

传统货币数量论的代表性理论之一是费雪（Irving Fisher）提出的交易方程式。现金交易说关于货币的作用在交易方程式中得以体现：$MV = PY$，M 表示流通中货币的数量，V 表示由制度决定的货币流通速度，P 表示物价水平，Y 表示国民收入。由于短期内国民收入 Y 和货币流通速度 V 都是相对固定的，因此，物价水平 P 由流通中的货币数量 M 决定。现金交易说的基本结论可总结为：货币供给量的变化对实际经济产出无法产生任何影响，货币数量的变化最终只会引起全社会范围内物价水平的同比例变动。因此，现金交易说表达的是一种货币中性论的观点。

现金余额说是传统货币数量论的另一代表性理论。如果仍然用 P 表示物价水平，Y 表示国民收入，现金余额说也用一个方程式表达其理论含义，即剑桥方程式 M = kPY，其中，k 表示名义收入 PY 中以货币形式保有的比例。现金余额说从个人微观角度分析货币需求，即人们的货币需求量 M 和名义收入 PY 之间保持某一特定比率。与现金交易说不同的是，现金余额说认为受利率等因素影响，货币与物价变动之间不一定存在同比例关系。但是现金余额说承认货币与物价同方向变动的论点，因此可以说现金余额说也坚持了货币中性论的观点。

3. 凯恩斯主义的货币非中性观点

威克塞尔突破货币中性的思想深刻地影响着约翰·梅纳德·凯恩斯（John Maynard Keynes），最终推动他成为第一个真正彻底否定了古典两分法和萨伊定律、将货币理论与整个产出和就业的一般理论联系起来的经济学家。有效需求理论可谓是凯恩斯主义经济理论的核心原理，该理论最早由凯恩斯 1936 年发表的著作《就业、利息与货币通论》中被提出。凯恩斯在有效需求理论中表达出来的观点是产品市场和货币市场并不是彼此分割的，而是相互联系、相互作用的。货币也不再是"面纱"，而是能够切实对产出产生影响。凯恩斯彻底抛弃了货币中性的观点，认为货币具有非中性的特质，能够对实体经济变量产生影响。货币市场和产品市场的媒介是利率，货币市场上供求双方决定的均衡利率影响产品市场的投资和产出，而产品市场供需双方决定的均衡产出又反作用于货币市场。20 世纪 70 年代以后，随着理论的发展，在凯恩斯理论基础上又形成了以伯南克（Ben Bernank）、泰勒（John Taylor）等为代表的新凯恩斯主义。新凯恩斯主义继承了原有凯恩斯主义中政府干预有效的观点，并且吸收了理性预期学派的思想，其基本逻辑是：只有没有被预期到的货币供给变化才会对产出有较大的影响，因为理性预期会部分抵消货币供给变化对产出的影响。但总的来说，货币是非中性的。

另外，凯恩斯主义在货币政策非中性理论中提出了"流动性陷阱"这一概念。由于存在所谓的流动性陷阱，凯恩斯主义认为扩张型货币政策和紧缩型货币政策的效果存在非对称性。

4. 货币主义的货币短期非中性、长期中性观点

1956 年货币主义学派代表人物弗里德曼（Milton Friedman）首次提出了现代货币数量论。货币主义学派认为，货币政策是经济以及政治的核心。利率不是好的政策工具和指示器，货币数量才是货币政策中具有重要作用的政策变量。货币主义学派在解释经济现象时引入了"货币"概念，因此，经济中的变量被重新划分成名义变量和实际变量。货币主义学派认为经济活动中的货币数量不能影响长期内宏观经济变量，因为如产出、就业以及价格水平等长期经济变量是由制度、技术水平、劳动力素质、资源数量及经济结构决定的；短期内货币数量的改变只能影响名义收入等名义值。也就是说，货币政策短期有效，长期无效。货币政策短期是非中性的，长期是中性的。

5. 新古典经济学派的货币中性论

新古典经济学在传统的货币政策分析框架内引入理性预期的思想，在市场出清和完全信息假设基础上，新古典经济学派认为任何政策的实施都不会达到效果，市场有自己的调节机制会自动出清，因此货币政策无论是长期中还是短期中都是无效的，同时该理论提倡政府对经济运行不进行干预。其主要理论分支有两个：一个是货币经济周期理论。20 世纪 70 年代，卢卡斯（Robert E. Lucas Jr.）等经济学家开创了理性预期学派。该学派认为，只有预料之外的货币政策才对经济产生影响，而预料之中的货币政策对经济没有影响。这个结论正是著名的"货币政策无效性"命题的主要内容。政府的一切措施都是无效的，其中也包括货币政策。因此，理性预期学派主张货币供应量不应着眼于满足经济增长而是应该以公众预期

的货币量为供应量。另一个是真实经济周期理论。20 世纪 80 年代，以 Barro 等为代表的新古典经济学家试图从新的角度来解释经济周期的波动。他们认为经济周期波动的原因是实际冲击，该实际冲击可能来自需求方面也可能来自供给方面，例如公众偏好的改变和生产率的变化。而货币数量仅仅是经济波动的反映，并不对实际产量产生影响。因此经济波动的真实原因是实际冲击而非货币冲击，货币是中性的、不影响真实经济变量。

6. 新凯恩斯主义的货币非中性观点

在吸收了理性预期学派关于预期是合乎理性的观点基础上，20 世纪 70 年代以后以泰勒（John Taylor）、曼昆（Gregory N. Mankiw）、伯南克（Ben Bernank）等为代表的新凯恩斯主义逐渐形成。新旧凯恩斯主义的共同之处都是基于非均衡或者非市场出清的假设，不同之处是新凯恩斯主义从不完全信息、交错定价等市场缺陷角度解释了价格和工资存在黏性的合理性，弥补了旧凯恩斯主义在解释"工资—价格机制"时缺乏微观经济基础的不足，为货币政策有效论奠定了坚实基础。新凯恩斯主义和旧凯恩斯主义在理论思想上具有一致性，认为货币是非中性的，货币供给变动会影响总产出。但与预料中货币供给变化相比，预料外的变化对总产出有较大的作用效果。

7. 简要总结

货币政策的有效性是货币当局制定实施货币政策，进而对宏观经济产生效用的必要性前提。从各学派的理论争辩可以看出，关于货币政策宏观经济效应讨论最多的同时争议最大的就是货币政策是否有效的问题，不同理论学派关于货币中性和非中性所包含的经济学意义也存在争论。但从不同学派的理论描述可以看出，各学派对货币中性理论的批判主要集中在其前提假设上。另外，比较各理论学派对货币政策效应的理解角度可知，导致各学派对货币政策效应产生完全不同的认识的根本原因是各学派对货币政策作用于实体经济的路径和传导机制在认识上存在差异。

从西方经济学理论发展的思想轨迹来看，尽管早期有经济学家认为货币是中性的，即货币政策无效。但随着凯恩斯主义理论逐渐成为主流经济理论，理论界关于货币非中性的研究逐渐丰富起来。货币政策非中性的观点在相关研究中逐渐占据了主流地位，大多数学者分析认为货币政策具有一定的宏观经济效应。后者的研究结论为央行实施货币政策干预经济提供了理论依据。尽管现有货币政策效应的相关研究分别从理论和实证角度对政策层面、市场层面以及微观经济主体行为等不同方面进行深入研究，并取得了丰硕的研究成果，但现有研究大多只是从货币与经济相互影响的某个侧面强调货币政策的效应，货币政策毕竟是宏观调控政策，从经济运行的整体情况来看，货币政策究竟会从经济结构的哪些侧面产生影响以及在各个经济层面究竟有多大程度上的数量性效应，是一个需要深入研究的问题。当前，在国家提出用金融手段调整经济结构的号召下，已经有越来越多的学者开始将货币政策相关研究的关注点聚焦于货币政策的结构调整效应，货币政策差异效应的研究已经成为当前货币政策研究的前沿问题。

第二节　货币政策与经济结构
关系的研究综述

长久以来，货币政策如何对经济产生影响以及会产生何种程度的影响一直是货币政策决策者最关注的问题之一。同时这也是经济学家一直关注和争论的话题。在相关研究的发展过程中，关于货币政策作用于经济的方式和程度理论界的争辩从未停止，但是近年来经济学界逐渐形成一个共识，即在短期内货币政策至少是有效的，对宏观经济有实质性影响。

但是传统货币理论研究和货币政策相关问题的讨论，都是从社会经济总量的角度出发，这样做实质上是默认了"经济体同质化"

这样一个前提条件，即货币政策产生作用的微观经济主体是均匀同质的。但是事实上世界上很多大的经济体由于地域辽阔，人口众多却分布不均，不同区域在经济发展水平、资源禀赋、产业分布、金融结构等方面都存在巨大差异。因此，货币政策在不同区域会表现出不一样的效应结果。这对着眼于宏观经济总体的货币政策调控目标的实现产生了非常大的影响。

第二次世界大战时期，西方学者开始关注各国发展过程中出现的经济结构问题。许多研究者立足于本国发展进程中形成的特殊经济结构，以相关经济学理论为支撑，提出了相应的发展方向和调整措施。在此过程中，国内外经济学家对货币政策在经济结构不同侧面产生的影响进行了大量研究，梳理现有研究，大致可以归结为区域、产业、城乡等几个方面。

一 货币政策区域效应研究综述

最早关于货币政策差异效应的研究关注点就出现在货币政策区域效应方面。后来，随着 1999 年欧洲国家开始使用同一货币欧元，统一的货币政策对欧元区各成员国产生的影响却不尽相同，国内外众多经济学家对此进行了研究，越来越多的人开始关注货币政策效应的差异化问题。

诺贝尔经济学奖获得者蒙代尔（Robert. A. Mundell，1961）最先提出了最优货币区理论（Optimum Currency Area）以及 "欧元" 这一概念。欧元的出现可以说是 "最优货币区" 理论的伟大实践和尝试，是经济学理论界具有划时代意义的事件之一，蒙代尔也因此被称为 "欧元之父"。该理论认为，如果国家之间或者地区之间具有相似的经济发展水平、通货膨胀率等，即可视为统一货币区也就是最优货币区，从而可以使用相同的货币，地区间可以实行固定汇率制。这样做可以降低区域内部的交易成本，从而提高区域内国家地区之间的微观经济效率。现有文献对欧元区货币政策结构效应的研究非常丰富，研究结论显示，欧洲央行实施单一货币政策所引发的货币政策在多层次表现出来的非对称性问题是矛盾的焦点。

　　克莱森和哈由（Clausen and hayo）在半结构动态模型（semi -
struetural dynamic modelling）的基础上，对货币政策在欧洲德、意、
法三国之间的不对称进行了研究。尽管德、法、意三国作为欧盟主
要货币成员国，彼此之间的货币政策传导机制相差不大，但研究发
现货币政策对产出的影响在德国和意大利之间有很大不同。同样是
以德、法、意等主要欧盟成员国为研究对象，Bemanke B. 和 Gertler
M.（1995）、Britton 和 Whitley（1997）以及 Hallett 和 Piscitelli
（1999）分别以英国、德国、法国和意大利中的三国为研究对象进
行了实证研究，结果显示意大利所受货币政策冲击相对较小，反应
也较慢；而英国的产出受货币政策的影响相对较大。同样在蒙代尔
最优货币区理论的基础上，Bayoumi 和 Eichengreen（1997）以欧洲
区域为研究目标建立最优货币区指标，研究认为，欧洲地区可以成
为一个独立的货币区。欧洲区域经济一体化和货币一体化具有共生
性。随着欧盟成员国的不断增加，关于欧盟区货币政策的研究范围
也在逐渐扩大。在结构向量自回归（SVAR）模型基础上，Altavilla
（2000）以整个欧盟区为研究对象进行了实证研究，实证研究结果
显示欧洲中央银行统一的货币政策存在显著的区域效应差异，但这
种差异还不至于对欧元区的存在造成大的影响。而 Peersman G. 和
F. Smets（2002）以产业和经济周期为研究视角，选取欧盟区七国
1980—1998 年的数据进行研究得出，货币政策都存在明显的区域效
应差异，无论在经济萧条还是在经济繁荣阶段。

　　关于货币政策区域效应的产生原因方面，艾克索（Aksoy）等
认为由于欧盟各国的传导机制不同，欧盟区内统一的货币政策可能
会导致欧盟各国经济周期的不同步，以至于个别国家的经济状况和
欧洲中央银行的措施产生对立。同样是以欧盟内部国家为研究对
象，Taylor（1995）研究发现欧盟内部的货币政策区域效应是由各
国对欧洲央行货币政策的执行力不同造成的。Cecchetti（1999）对
欧元区十一国进行了实证分析表明，各国货币政策效应存在区域差
异，银行系统的健全程度和银行的规模和集中度是造成货币政策区

域效应的原因。哈赤（Huchet，2003）选取 1980—1998 年为时间跨度，运用最小二乘法和非线性方法分析了欧洲各国的货币政策区域效应，结果发现，并且只有未预期到的货币政策冲击才有效果，其中法国和德国的反应更为强烈。

国外关于货币政策区域效应的研究也存在以欧洲以外国家为研究对象的。乔治（George，2001）以加拿大为研究对象，验证了货币政策区域效应在加拿大地区的存在性。Alesina、Barro（2002）在蒙代尔最优货币区理论的基础上构建了相对价格和相对产出指标试图研究美元区、欧元区和日元区是否为最适货币区。原则上两国间经济的差异程度波动小的国家可以形成最适货币区，反之则不能。结果证明了美元区和欧元区符合最适货币区的标准，日元区则不适合。Owyang 和 Wall（2003）以美国八大主要经济区为研究对象，发现各经济区生产总值对统一的货币政策的反应各不相同，不仅如此，失业率和通货膨胀率在各经济区的表现也大相径庭。Mauro（2004）将意大利分为北部经济发达区和南部经济欠发达区进行研究，结果显示意大利统一的货币政策并未考虑到该国经济的异质性。同样在蒙代尔最优货币区理论的基础上，Beckworth（2010）则以美国为研究对象，发现美国各州之间货币政策区域差异效应明显，美国不适合构成最适货币区。

20 世纪 90 年代中期以来，我国也逐渐出现了大量有关货币政策区域效应的研究文献。综观现有文献，多采用计量实证检验的方法，考察我国货币政策区域效应的存在性。张志军（1999）研究发现，经济体制转轨在我国东西部地区的进展情况并不同步，因此中央银行统一的准备金和利率水平会加剧东西部地区的不均衡发展。耿同劲（2003）、孙天琦（2004）和吴旭（2004）等提出，面对我国区域经济发展差异，我国有必要实行区域差异化的货币政策。张晶（2006）对我国东部和中西部地区 1978—2004 年的财政政策和货币政策进行了对比，结果显示，我国的货币政策有明显的区域效应差异。蒋益民和陈璋（2009）通过 VAR 模型实证研究发现，我国东部地区受货币政策冲击的影响大于大西南地区受货币政策的影响。

随着计量经济学的发展，国内关于货币政策区域效应的研究方法也逐渐呈现出多样性。丁文丽（2006）在对我国经济体制演变过程中我国各阶段的经济体制和金融结构进行梳理的基础上，运用菲利普斯—罗利坦的动态分布滞后模型对经济体制转轨时期我国货币政策区域效应进行了实证检验，结果显示转轨时期我国货币政策区域效应显著。钟正生（2006）在向量自回归模型和脉冲响应函数基础上对我国货币政策对东、中、西部地区经济发展的影响进行了实证研究，指出我国货币政策存在显著的区域效应差异。同样是基于向量自回归模型进行实证研究，丘斌、邓佑甜发现我国东部对货币政策冲击最为敏感，中部次之，西部最弱。卢盛荣（2007）在短期总供给曲线的基础上运用 ARIMA 模型分析了我国货币政策效应，结果显示东部地区受货币政策影响比较大，中部次之，西部最小。运用 SVAR 模型，郭评生和吴伟军（2009）认为中国货币政策在发达、次发达、不发达地区间的区域效应差异显著。依据国务院发展研究中心发布的《地区协调发展的战略和政策》，中国可以划分为八大经济区域。曹永琴在此基础上通过固定效应变系数模型估计了我国八大地区的货币政策敏感系数，提出发挥货币政策结构性功能，有利于提高货币政策效力和缩小货币政策效应区域差异。黄德勇（2012）基于 VEC 模型实证检验了投资周期中的财政货币政策区域效应，实证结果显示在经济周期不同阶段，货币政策在东、西部地区间存在区域效应，东部地区表现为正效应而西部地区表现为负效应。李菁、赵邦宏（2013）基于面板数据模型对货币政策和财政政策的区域效应进行了比较研究，研究结果显示我国货币政策和财政政策都表现出区域效应。具体来说货币政策在东部地区效应最明显但货币财政政策搭配效果不佳，西部地区货币政策效应最弱但政策搭配效果较好。

关于货币政策区域效应的产生原因方面，我国学者也做出了大量研究。但由于各学者考察角度各不相同，关于货币政策区域效应的产生原因并没有达成一致。殷德生和肖顺（2000）、李成和李国平（2003）、冯涛（2004）等通过研究认为，我国货币政策区域效应确实存在，区域金融结构可以部分解释货币政策区域效应差异。周逢民（2004）在理论分析基础上提出货币政策具有一定的结构调整功能，为我国货币政策目标的完善提出了新的思路，也为我国当前提出的金融手段调整经济结构提供了一些依据。宋旺（2005）分别从静态和动态两个角度出发考察了我国货币政策的区域效应，结果显示我国货币政策的影响程度沿着东、中、西部方向递减，区域经济自身在货币冲击过后的调整速度也沿着东、中、西部方向递减。另外，利率和信贷渠道都是造成货币政策效应区域差异的原因。焦瑾璞、孙天琦（2006）认为，造成我国货币政策区域效应的根本原因是区域间货币政策传导机制的差别，因此，减小我国货币政策区域效应的途径是加强建设欠发达地区的金融生态环境。常海滨和徐成贤（2007）认为我国货币政策区域效应确实存在，区域间贸易和资本的流动以及区域金融结构不平衡是造成货币政策区域效应差异的原因。鄂永健（2007）则认为区域间消费水平和金融结构的差别是我国货币政策区域效应产生的主要原因，而周孟亮等（2009）通过实证研究发现，我国货币政策效应出现区域差异化是由金融机构在各区域的分布差异造成的。张细松（2012）认为，扩张型货币政策和紧缩型货币政策在我国四大区域存在区域效应，该类在不同调控方向上产生的货币政策区域效应是由区域间金融机构分布不同和货币政策传导渠道的不同造成的。葛腾飞、孙自胜（2013）运用面板数据模型对我国货币政策区域效应进行了实证检验，检验结果显示区域金融结构差异是造成货币政策区域效应的原因，但影响程度在区域间并不相同。郭立平（2013）认为，金融体制改革路径不同、市场化进程不同和资金报酬率不同是造成我国货币政策区域效应的三大原因，在此基础上提出缩小政策效应的关键在于协调政策决策的集中性和政策操作的区域性之间的矛盾。

二　货币政策城乡效应研究综述

中国自古就是一个农业大国，尽管随着历史的变迁和诸多现实因素的交融，农业在当今中国已经不再是一个在国民经济中占有大比例的行业，工业贸易服务业等均得到了长足的发展，但是现今中国的经济发展状况仍然显现出强烈的不平衡性，在地域上表现为东、中、西部的巨大经济差异，在产业布局上表现出产业内部以及产业之间的不合理性，而区域和产业的不均衡现象尽管相互交叉、互相影响但往往可归结为一点，即中国长久以来的城乡二元经济结构。它直接或间接在不同程度上影响，甚至直接导致了其他不均衡特征的出现，从而使我国的很多宏观经济政策不能得以顺利传导实施，最终导致经济政策效率低下甚至事与愿违。货币政策作为最重要的宏观经济政策之一，研究我国货币政策的城乡二元结构效应，对构建一个将城乡经济差异考虑在内的货币政策操作框架，实现中国经济城乡之间均衡、稳定、持续发展有着重要意义。

从货币政策差异效应的研究逻辑中可以梳理得出，货币政策的城乡结构效应是货币政策区域效应的一个分支。随着国内外货币政策区域效应的相关研究逐渐深入以及刘易斯"二元结构"经济理论的发展，国内外对货币政策城乡二元结构效应的研究也逐渐开始丰富起来。

西方学者对国家经济发展过程中会产生结构效应的思想萌芽于第二次世界大战期间，"二元经济"（Dual economy）这个概念首次被提出是在荷兰经济学家 J. H. Bocke（1933）对印度尼西亚进行的研究中，他发现印度尼西亚经济社会大致上整体可分为资本主义部门和传统部门，资本主义部门则是由殖民统治者荷兰管理，资本主义部门和传统部门在制度上存在很大差异。1954 年，刘易斯（1954）首次提出了著名的"二元结构模型"（Dual structure model）。他认为随着经济的发展，社会整体大致上可分为现代部门和传统部门两个部门，因此构建了两部门经济发展模型。刘易斯认为，城乡区别会逐渐消失，因为传统农业部门存在着大量廉价劳动力，当劳动力流动至城市时现代工业部门只需要支付低廉的工资便能雇用到劳动力，因此产出要素中的劳动力供给是完全弹性的，该现象一直持续到现代工业部门将农村剩余劳动力完全吸收为止。此时，农村劳动力价格和城市劳动力价格即工资趋于一致，城乡区别逐渐消失。Econometric Association（1981）早在 20 世纪 80 年代就开始了货币政策城乡结构效应的研究，他以美国的城乡差异为研究对象，分别选取四个农村地区和四个城市建立模型进行分析，研究结论显示由于不同经济体的弹性不同，农村和城市具有明显政策效应差异并且城市受紧缩型货币政策影响更多。Ximing Wu 等在 1981—1997 年数据的基础上对美国 50 个州的城市和农村收入差距进行了实证研究，认为美国城乡收入差异主要是由政府政策导致的。Carol Scott Leonard 等运用自回归分布滞后模型（ARDL）以俄罗斯沙皇时代的城乡工资差异进行了实证研究，研究结论显示农村工资对货币政策的响应存在滞后性。

国内目前关于货币政策城乡效应方面还并不多见，相关研究在我国货币政策城乡效应的存在性上基本达成一致，但关于我国货币政策城乡效应的产生原因各研究者出发点不同，形成的结论也各不相同。

戴根有（2002）认为，我国货币政策城乡之间传导机制不同是导致我国货币政策城乡之间效应差异的原因，因此在我国统一货币政策的前提下，应该结合地区经济发展的情况不同区域不同对待，运用金融政策进行调控。蒋晓婕和马晔华（2007）选用我国 M2 和城乡 GDP 的季度数据，在 VAR 模型的基础上对货币政策的城乡二元结构效应进行了实证检验，结果显示，我国货币政策效应在我国城乡地区之间存在差异，主要表现在作用程度和时滞方面的不同，而导致这种差异现象的原因是我国城乡之间信贷分配的不合理和农村地区信贷供求的不平衡。李善燊和何炼成（2008）选取改革开放后 25 年间我国 M1 层次的货币供应量和城市居民人均可支配收入、农村居民人均纯收入的年度数据，运用 VAR 模型证明了我国货币政策的城乡效应差异的存在性。我国城市和乡村的货币政策效应趋势大体上是一样的，但农村受货币政策冲击的影响较小而且存在时滞性，另外本书认为货币政策乘数、金融机构结构等方面的差异是导致我国货币政策城乡效应差异的原因。黎晓（2010）选取1989—2008年m_1层次货币供应量、城乡收入以及城乡信贷量的年度数据，运用VAR模型和脉冲响应函数进行了实证检验，结果发现，我国城乡信贷量对货币政策的反应具有方向相反的表现特征，而且城乡收入也存在明显差异，农村收入受货币政策影响较小。针对实证结果，本书提出运用差别化货币政策和发展农村金融的政策建议。李虹檠和黄鹏（2010）运用向量自回归模型分扩张型与紧缩型货币政策检验了货币政策的城乡效应。检验结果显示，我国货币政策的城乡效应差异确实存在，农村对扩张型货币政策更敏感并且受紧缩型货币政策影响更大。本书分析了货币政策效应城乡差异对国家宏观经济调控的影响，提出了促进城乡协调发展的政策建议。

随着计量经济学的不断发展，我国对于货币政策城乡效应的相关研究方法也在不断改进。运用SVAR模型，姚德权、黄学军（2011）选取改革开放三十年来的数据对我国货币政策城乡效应进行实证检验发现，我国城镇居民收入对货币政策的响应更敏感且作用时间更长。由方差分解可知，我国城镇居民收入变动的主要原因是货币供应量的变化，而农村居民收入变动主要由信贷规模来解释。当前我国统一的货币政策会加剧城乡经济之间的差距，因此，实行差异化货币政策才有利于我国城乡经济协调发展。而张伟进、胡春田（2014）运用动态随机一般均衡（DSGE）模型模拟出城乡居民消费对货币政策冲击具有的非对称效应的脉冲响应路径，从城乡的金融发展不平衡视角解释了城乡居民资产配置选择差异是造成货币政策城乡非对称效应的原因。

三　货币政策产业效应研究综述

经济结构不合理是阻碍我国经济继续健康快速发展的重要"瓶颈"，当前国家已经提出金融支持经济结构调整和转型升级，发挥经济金融政策在优化产业布局调整产业结构中的作用已成为各个国家经济发展道路上采取的重要方法。然而，不同的产业由于其自身行业的敏感度不同，大统一的货币政策在执行过程中在不同产业间会出现明显的产业效应，导致产业结构并非按照货币政策意图表现。可见，传统理论上对货币政策的总量调控作用已经不能满足当前经济金融政策支持经济结构调整和转型升级的要求，货币政策调控的作用已经外延至调整产业结构合理。除此之外，因为产业分布和区域经济发展息息相关，货币政策产业效应还与货币政策区域效应相互影响、相互作用。因此，如果缺乏对货币政策产业效应影响方向及作用力度的深入了解，央行就难以运用货币政策调整产业布局实现均衡发展战略的经济目标。

国外关于货币政策产业效应的研究并不鲜见，也取得了一定的研究成果。Mark Gertler 和 Simon Gilchrist（1994）的研究可以算是货币政策产业效应较早的研究，实证发现在制造行业中同一货币政策对大小企业的影响存在非对称性，小公司的影响要大于大公司。但 Michael Ehrmann（2000）的研究结论与 Mark Gertler（1994）的研究结论恰恰相反，他认为相比于小公司，大公司对货币政策较为敏感尤其是面对紧缩型货币政策大公司承受的风险更大。Jean Fares 和 Gabriel Srour（2001）研究发现紧缩型货币政策存在行业效应，无论是作用力度还是作用时间行业间均有很大差异。

以不同国家为研究对象的货币政策行业效应研究也很丰富。Ganley 和 Salmon（1997）通过对英国产业部门进行实证检验发现，英国货币政策产业效应显著。影响最大、反应最迅速的是建筑业而反应最小的是服务行业。Hayo 和 uhlenborck（1998）以德国制造业为研究对象，发现德国货币政策具有产业效应差异，不仅产出表现出差异性，相对价格也具有明显的差异性。另外由于德国产业集聚现象明显，研究表明德国货币政策区域效应同样明显。Arnold 和 B. Vrugt（2002）则是以荷兰的货币政策行业效应差异为研究对象。研究得出农业、工业、建筑和金融部门对货币政策冲击较为敏感，服务业部门对货币政策影响不敏感。随后 Peersman 和 Smets（2005）进一步扩大了分析范围。他们以法国、德国、意大利、澳大利亚、比利时、新西兰和西班牙七个国家的 11 个产业为研究对象，样本时间跨度为 1978—1998 年，发现货币政策效应在不同的产业之间表现出明显的差异性，且经济萧条期间的影响要明显大于经济繁荣期间。Georgopoulos（2009）以加拿大为研究对象发现，加拿大地区制造业受货币政策冲击的影响则较小，而农林牧渔业受货币政策冲击的影响比较大。因此地区间主导产业的差别导致了各区域对货币政策反应不同。而分别以以色列和印度等国家为研究对象，Ribon（2009）和 Ghosh（2009）认为在发展中国家也存在货币政策行业效应。

尽管国外相关文献对于货币政策行业效应形成原因方面的研究不如货币政策行业效应存在性那样丰富，但也取得了一定的研究成果。Carlin 和 Defina（1998）以美国各州为研究对象检验了货币政策的效应，结果发现各州之间产业结构和货币政策传导机制的差异是货币政策差异效应的原因。Claudio Raddatz 和 Roberto Rigobon（2003）在对美国货币政策行业效应进行研究时发现，行业间对利率的敏感程度不同是导致货币政策行业效应的原因。同样的研究结果，Dedola 和 Lippi（2005）运用面板数据分析方法对英国、美国、德国、法国、意大利五个国家的 21 个产业进行了分析，发现各产业对货币政策具有不同的反应，认为利率敏感性不同是解释原因。而运用面板数据模型，Georgopoulos 和 Hejazi W.（2009）分析认为行业内部公司规模与货币政策敏感程度之间呈负相关关系。

近几年，国内关于货币政策产业效应的研究开始逐渐丰富起来。但与国外研究环境不同的是，中国尚处于金融改革发展的过渡阶段，需要结合客观环境和现实条件来对货币政策产业效应的存在性及其形成原因进行考量。国外主要文献大多以利率冲击作为货币政策冲击的测度指标，但这样做有一个前提要求即利率市场化。尽管我国利率市场化的脚步从未停歇，但实际情况却是企业投资对利率不敏感而受信贷规模影响较大。因此，我国货币政策相关研究用货币供应量作为货币政策测度指标更加符合中国现实国情。

早在 1998 年，财政部科研所课题组就对我国产业政策和货币政策的关系成立课题进行了论证，在实证检验的基础上提出了一系列具体实施措施，结论认为，货币政策的实施和协调应当以产业政策为前提和依据，这是我国调整产业结构保证经济健康平稳发展的重要思路。随后，张旭和伍海华（2002）从资本的形成、导向以及催化机制方面论证了金融政策对产业结构优化升级的作用，研究发现就我国金融市场发展现状考虑，我国实现产业结构调整升级应以银行主导型金融政策为主要途径。在对货币政策在调整国家产业布局中的作用进行研究时，周逢民（2004）以黑龙江老工业基地为切入点研究发现，由于我国地域广阔，各地区基础不同，着眼总量调控的货币政策在实施过程中应充分权衡各地区之间的经济基础和产业差异，否则或许会加剧地区之间的不平衡。王剑和刘玄（2005）发现货币政策冲击的产业效应确实存在，第三产业对货币政策反应最灵敏，第一产业最弱，这种产业效应是由产业异质性造成的。但是该研究并未从作用机理上深层次研究货币政策产业效应的产生原因。戴金平和金永军（2006）从利率的研究视角入手，通过构建要素密集度和市场结构差异的两部门模型，利用 VAR 模型的脉冲响应函数分析了 1995 年以来我国六大产业对货币政策冲击的反应。研究认为货币政策冲击对第一产业和房地产业影响显著，有趣的是该结论与王剑和刘玄（2005）相反。徐涛（2007）、阎洪波和王国林（2008）运用 VAR 模型和脉冲响应函数证实了我国货币政策效应在 30 个行业间的差异，证实了我国货币政策行业效应的确存在。袁申国（2009）将产业效应研究进一步细化，他从行业层面分别分析了不同行业投资对货币政策变动的反应程度。另外，该研究还将货币政策冲击分为紧缩型货币政策和扩张型货币政策来讨论。而廖国民和钟俊芳（2009）实证检验发现，我国货币政策的效力总体上工业部门要强于农业部门。宋继红、刘松涛（2012）选取对国民经济发展影响较大的八大行业，基于经济周期角度对我国货币政策的效应做出检验，误差修正模型检验结果显示货币供应量冲击下我国货币政策行业效应存在较大差异性，其中制造业效应最为显著，住宿餐饮业最小，而金融业为负。赵昕东、陈妙莉（2013）运用 SVAR 模型对工业行业的货币政策行业效应进行了实证检验，结果表明，我国货币政策行业效应在方向、大小、影响周期等方面都表现出很大的差异性。资产负债率、流动比率、流动资产比例、总资产贡献率等指标能够部分解释货币政策行业效应的产生。

另外也存在从其他角度进行的相关研究。在利率市场化不断推进的背景下，杨小军（2010）以利率作为货币政策衡量指标从产出效应和价格效应两方面对工业部门的八个行业进行了研究，研究显示我国货币政策在工业部门存在行业效应。而叶蓁（2010）则是从企业角度对货币政策效应进行了研究，研究认为行业规模、行业利润率等因素影响了银行信贷渠道进而造成了货币政策行业效应。

四　货币政策不同类型企业效应研究综述

古典经济学派认为，经济主体是同质的。因此，货币政策对经济体中所有企业的影响无论在方向上还是大小上都应该是相同的，即企业对货币政策的反应应该是对称的。但是现实经济体系中，经济体具有同质性情况几乎是不可能存在的，因为企业面对的信息不可能完全一致，企业自身的属性也不可能完全相同，因此不同企业对统一货币冲击的反应也不可能完全相同。另外，企业作为经济活动的直接参与者，是货币政策发生作用的终端和基础，对经济运行产生的影响不言而喻，在对货币政策的差异效应进行研究时仅仅关注行业效应而忽略微观层面的企业之间的异质性也有失偏颇。因此，研究不同类型企业货币政策效应对货币政策效应研究的完善有着重要意义。

国外现有关于不同类型企业货币政策效应研究的文献主要是从企业规模、融资条件、股权性质和经济环境等角度对企业进行分类，进而在此基础上分析货币政策对不同类型企业的不同影响效应。

　　Bernanke 和 Gertler（1989，1995）研究认为，不同规模的企业对货币政策的反应是不同的。货币政策通过资产负债表渠道向企业传导，由于金融加速器效应的存在，小企业由于对银行信贷的依赖程度较大，因此紧缩型货币政策恶化小企业的融资环境进而使紧缩型货币政策的效果加剧。Kashyap 和 Stein（1994）认为货币政策是通过信贷渠道产生效用的，而企业的规模一般情况下与其信贷能力呈正相关，小企业信贷渠道更为狭窄，因此小企业对于货币冲击的反应更大。Thoma（1994）则是从另外一个角度分析了该现象。他认为由于存在"信贷约束"现象，大公司的融资渠道较多，可以直接从货币市场获得资金，因此信贷约束对大公司影响是比较弱的。而小企业由于对银行信贷的依赖程度较高，在出现信贷紧缩时，小公司受到的信贷约束作用较强，从而不得不降低产出。Gertler 和 Gilchrist（1994）认为当出现紧缩型货币冲击时，大企业由于其融资渠道多元，不但能满足自身资金需求，还可以向小企业提供间接融资。因此而对紧缩型货币冲击会出现大企业的贷款上升而小企业的贷款下降的非对称现象。Spencer 和 Andrew（1995）运用 VAR 模型发现货币政策在私人部门和公共部门之间存在非对称效应。Kashyap（1997）的另一文献从商业银行规模角度进行了研究，结论显示商业银行和其他性质的企业一样，规模小的银行面对紧缩型货币冲击比规模大的银行更为敏感。Kim 等（1998）根据穆迪评级服务公司对于债券信用等级划分的标准对公司进行分类，在金融加速器模型的基础上对不同企业外部融资成本的货币政策影响效果进行了研究，结果发现，货币政策对不同企业外部融资成本的影响是非对称的。紧缩型货币政策使信誉级别较低的 Baa 级债券的利率上升幅度更大，而信誉级别较高的 Aaa 级债券的利率上升幅度较小，这从新的角度为不同企业货币政策的非对称效应存在性提供了经验证据。运用面板数据模型，Eugenio Aiotti 和 Andrea Generale（2001）实证发现货币政策在欧元区国家对不同企业存在效应差异，小公司所受影响较大，另外公司财务结构可以解释货币政策在不同企业差异效应现象。Nilsen（2002）以美国制造业中的企业为研究对象，选取企业"应付账款"为指标进行了研究，研究结论认为在负向货币冲击下，不同规模企业的货币政策效应也不尽相同。Love、Preve和Sarria‑Allenda（2007）以亚洲五国在1997年亚洲金融危机之后实施的紧缩型货币政策效果为研究对象，研究结论与前人相似，认为货币政策效应对企业财务状况的影响存在非对称性，这是由于各国内部企业的属性存在异质性。

由于我国当前处于经济转轨时期，很多制度上不完善，政府参与的力量在经济运行中的作用依然很大。结合我国特有的国情，国内对于不同类型企业货币政策效应的研究不仅局限于企业规模的不同，还有很多从企业产权性质以及政治关联度等方面考察我国货币政策效应的文献。

吴建环等研究认为（2004），由于金融加速器效应存在非对称性，导致货币政策对大企业的影响和对小企业的影响也存在非对称性。这是由于小企业融资渠道较大企业单一，对银行信贷的依赖程度较高，因此在货币政策通过资产负债表渠道向企业传导的过程中，紧缩型货币政策对小企业的作用较之大企业更为显著。而赵平（2006）则从企业负债率水平的角度对我国货币政策对企业的影响进行了研究，研究结果显示，信贷的投放在很大程度上受企业负债水平的影响，通过信贷渠道导致统一的货币政策对不同负债率水平的企业产生了不同的影响。

以信贷资源配置为研究角度，卓凯（2005）对我国国有企业和非国有企业的经济效率进行了实证研究发现，我国是金融中介主导型模式，银行对信贷配置的作用非常强。由于政府对国有企业的倾斜和保护，低效经济部门反而从银行获得了更多的信贷资源，这种配置方式降低了我国货币政策的效率，阻碍了货币政策目标的实现，应加以纠正调整。类似的研究还有伍中信和李芬（2010）以2001—2008年我国非金融类上市公司为样本，考察了银行信贷资源在我国不同产权性质公司间的配置效率。实证研究显示，我国信贷市场并没有发挥资源配置功能。相对于私有产权企业，我国国有控股企业获得了过多的信贷资源，以至于国有控股公司过度投资也不会影响其信贷资源的获得性。张敏等（2010）则从政治关联的角度研究了不同企业，即关联政治与不关联政治的企业在信贷资源配置中的不同配置结果，进而研究了政治关联对信贷资源配置效率的影响。研究结果表明，政治关联企业更易于获得长期贷款，但该贷款的获得并未促进企业发展，相反，对该企业的价值会产生负面影响。因为政治关联的企业获得贷款后更倾向于进行过度投资。这一结果说明政治关联对信贷资源配置效率进而对货币政策效果的实现有着不利影响。马理、刘艺等（2015）从货币政策定向调控工具的国际比较角度出发，得出我国央行想要实现支持"三农"和中小企业发展的政策目标需要对中小型商业银行定向释放流动性以及放松"三农"和中小企业的抵押担保条件。

第三节　对已有研究的简单评述

通过对货币政策有效性的理论发展以及货币政策在经济结构不同层面产生的差异化影响等各方面文献的回顾与梳理，发现对于货币政策差异效应的研究，既有文献无论从理论研究方面还是实证研究方面都已经取得了丰硕的成果。一方面，给理论体系的构建奠定坚实的基础；另一方面，也不断地推动着前沿问题的探索发展。但是，本书在对相关文献进行归纳总结的过程中，也发现了现有文献中存在的一些问题和不足，得到了一些启发，为本书的研究指明了方向。

首先，将结构调整作为货币政策目标，是近几年研究出现的一个新趋势。以往研究多强调财政政策的结构调整功能而货币政策则被定义为总量调控政策。我国国内学者的相关研究尚处于探索阶段，而相关的实证研究更是少见，仅有的文献也仅仅在理论层面对货币政策的结构调整目标加以肯定，这就为本书的研究提供了契机。我国现在尚处于经济转轨时期和后金融危机时代的结构调整时期，我国经济发展和金融体系建设都面临着前所未有的挑战，货币政策的作用再一次受到考验。因此，从我国经济实际出发，特别关注我国货币政策传导的结构调整作用，是一个具有理论和实践双重意义的研究领域。

其次，当前国内外学者关于货币政策差异效应的理论基本上已达成普遍认同，并已成为当今货币政策差异效应相关研究最重要的理论基础和核心。特别是关于货币政策差异效应存在性的问题，无论是从理论角度还是从实证角度都已经在世界很多国家得到了证实。但是现有文献关于货币政策差异效应的研究多集中于实证检验差异效应的存在性方面，对于形成原因的研究还不多见。并且各国的政治经济体制和金融体系不尽相同，运用经典理论解释所有国家的货币政策差异效应问题，结论的可信性难免值得怀疑。我国现有关于货币政策差异效应形成原因的研究也未能真正抓住该问题的理论精髓，只是象征性地从货币政策传导渠道的角度加以研究分析，未能从体制变迁和制度安排上寻求到"名副其实"的原因，这就为本书提供了研究思路。

最后，国内关于货币政策差异效应的研究已经达到一定规模，但是还存在着一些不足：对于货币政策差异效应的研究来说，现有文献多集中于区域和产业层面，对于货币政策在经济结构其他方面影响的研究，国内学者的关注甚少，也没有显著的研究成果；现有文献对货币政策差异效应的研究大致划分为横向研究和纵向研究两个方面，横向研究是以时间为维度，研究货币政策在经济周期不同阶段的差异效应；纵向研究则是以方向为维度，研究货币政策在区域和产业层面的差异效应。纵横分明的研究方法创新性值得商榷，研究结论也存在着争议；虽然有些学者也发现货币政策在经济结构的其他层面存在差异化影响，但都没有定量给出扩张型货币政策和紧缩型货币政策在经济结构的不同层面究竟在影响幅度和作用时间方面有何差异。因此，本书在前人研究的基础上，立足于我国经济体制转轨和后金融危机时代经济结构调整的特殊历史时期，以我国经济结构在不同层面表现出的非均衡性为切入视角，将国家政策、制度安排、管理体制等因素纳入货币政策效应的研究，以期对以往研究予以补充。

第三章 转轨时期我国货币政策差异效应的理论分析框架

本章的研究目的在于构建一个转轨时期我国货币政策差异效应形成机理的一般分析框架，为本书的研究奠定坚实的理论基础。本章在内容上首先考察了货币政策及其传导机制的相关理论概念；其次，在对我国货币政策操作的演变轨迹进行历史回顾和对比分析的基础上，对当前处于经济转轨、结构调整时期我国货币政策传导的特殊性进行了总结，并对我国目前所处的制度环境进行了深入分析，得出我国转轨时期体制制度因素是我国货币政策差异效应产生的重要原因这一结论；最后，通过建立货币政策影响经济产出的数理模型，为我国货币政策在经济结构不同层面发挥影响作用的存在性问题提供了理论支持。

第一节 货币政策的相关理论分析

一 货币政策传导机制

所谓货币政策实际上就是指货币当局货币政策的变化如何影响实体经济的过程。具体来说，在经济运行过程中政府和央行为了干预经济达到既定的经济目标，会用一些金融工具或者政策措施对货币供应量和利率进行控制，这些工具、方针和措施的总和可统称为货币政策。一个完整的货币政策体系应该包括政策工具、操作目标、中介目标和最终目标四个部分，各部分之间相互影响、各环节逐级传递，经过一个传导过程最终实现货币政策目标。显而易见的是，从开始操作货币政策，到最终实体经济受到影响货币政策目标的实现，其间需要经历诸多环节、历经各种因素的影响，可以说这是一个漫长而复杂的过程。

所谓货币政策传导，是指央行从决定实施某项货币政策开始，到最终实现既定货币政策目标之间，中间经历的所有传导环节、作用过程以及各种联系及因果关系的作用机理总和。货币政策是一个宏观经济政策，其作用的发挥必须借助于具体的货币政策工具和中间目标才能对经济产生影响，进而达到最终目标。因此，货币政策要实现影响经济运行的目的，必须经历一个传导过程，该过程普遍被认为是：中央银行决策⇒货币政策工具⇒操作目标⇒中介目标⇒最终目标。由于一个完整的货币政策传导过程需要历经诸多环节，从货币政策的制定、实施到最终实现对经济干预的政策目标，过程复杂而多变，因此对于货币当局来说，货币政策能否实现预定的政策目标，就具有很大的不确定性，它依赖于货币政策传导渠道是否畅通以及政策效应的形成机制是否有效。

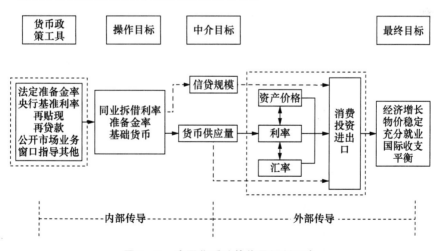

图 3-1　我国货币政策传导机制示意

从目前理论界公认的传导途径来说，货币政策的传导途径大致有以下两种：货币渠道和信用渠道。根据传导过程中发生作用的媒介不同，货币渠道又可进一步细分为利率渠道、汇率渠道和资产价格渠道；信用渠道则可进一步细分为银行贷款渠道和资产负债表渠道。简要来说，货币政策的货币传导途径大致可归结为：央行货币政策→货币政策工具→准备金数量→货币供应量→利率的波动→资产组合调整→投资支出变动→真实经济产生影响。货币政策的信贷传导途径大致可归结为：央行货币政策→货币政策工具→金融机构（银行系统）→信贷的数量→投资支出→对货币政策效果与实际经济行为产生影响。

1. 货币渠道有关理论

（1）利率渠道。利率渠道是货币传导机制理论中最早提出的一种渠道，并一直作为标准范式在经济学文献中主宰了50多年。最早提出利率渠道的传导理论的是宏观经济学主流理论凯恩斯主义经济理论。该理论在流动性偏好理论基础上，提出了以利率为核心的货币政策传导机制。在一般市场均衡模型中，扩张型货币政策使货币政策供应量（M）上升，从而导致货币的价格利率（i）下降，进而引起企业投资（I）的上升，最终导致总需求和总产出（Y）的上升；反向过程亦然。传导具体过程表达如下：$M\uparrow \Rightarrow i\downarrow \Rightarrow I\uparrow \Rightarrow Y\uparrow$。随着理论的发展，有学者对上述过程进行了补充，认为利率渠道也对消费产生作用，影响耐用品消费意愿。若央行实际利率水平的下降低于消费者边际消费倾向的下降，那么货币政策利率传导机制的有效性就会受到影响。

（2）汇率渠道。最早将汇率因素纳入货币政策传导的是罗纳德·麦金农（Ronald I. Mckinnon），泰勒、奥布斯特菲尔德和罗格夫都曾在论文中提出货币政策传导中汇率渠道的重要性。随着全球经济一体化发展，开放经济体都越来越重视汇率因素对货币政策传导进而对经济的影响。货币政策的汇率传导渠道过程大致可归结为：扩张型货币政策使货币供给（M）增加，本币供大于求因而利率（i）、汇率（E）下降，本币贬值导致净出口（NX）上升，从而总产出（Y）上升。传导具体过程表达如下：$M\uparrow \Rightarrow i\downarrow \Rightarrow E\downarrow \Rightarrow NX\uparrow$

$\Rightarrow Y\uparrow$。然而汇率渠道产生作用有一定的条件，如汇率自由浮动以及金融市场开放程度较高等。

（3）资产价格渠道。资产价格渠道最早是由货币学派提出的，但实际上，货币学派不愿意对货币政策的具体传导机制作出定义，因为货币学派认为货币政策的传导机制在经济周期的不同时期并不是完全相同的，因此无法用固定的传导形式进行刻画。尽管如此，货币学派的托宾 Q 理论和财富效应理论作为资产价格传导渠道的重要分支依然在货币政策传导渠道的相关研究中经常被提及。

托宾（James Tobin）的 Q 理论表达的核心意义是，货币政策是如何通过影响资产价格最终达到影响企业的投资行为这一过程。他将字母 Q 赋予"企业的市场价值与资本的重置成本之比"这一固定含义，如果企业的市场价值相对较高，即 $Q>1$，此时企业将选择进行投资。根据货币学派的理论，扩张型货币政策使货币供给（M）增加，导致股票价格（P_e）升高即企业的市场价值升高，Q 值上升，此时企业将选择进行投资，（I）最终产生的影响是总产出（Y）升高。具体传导过程表达如下：$M\uparrow \Rightarrow P_e\uparrow \Rightarrow Q\uparrow \Rightarrow I\uparrow \Rightarrow Y\uparrow$。然而这一货币政策的传导渠道产生作用也有一定的条件，假设一国资本市场不发达，货币供应量的改变无法有效传达到资本市场使得企业的市场价值发生波动，那么该资产价格渠道将无法产生影响。因此，托宾 Q 效应的资产价格传导渠道发挥作用的前提和基础是该经济体已经具备相对发达的资本市场，即货币供应量的改变影响企业市场价值的渠道是畅通的。

最早对财富效应进行阐述的是英国经济学家庇古（Arthur Cecil Pigou），随后莫迪利安尼（Fnaroc Modigliani）又提出了"生命周期假说"，从另一个角度对货币政策财富效应的传导提供了解释。该理论是从资产价格对居民消费的影响分析货币供给变化通对实体经济产生影响的传导机理。这一效应的意义简单来说就是，如果人们所持有的金融资产的实际价值增加，即财富增加，人们就会增加消费支出。根据该理论货币政策的传导过程可大致归结为：扩张型货币政策使货币供给（M）增加，货币供应量的改变效应传达到资本市场使股票等金融资产价格（P_e）上升，人们持有的金融资产价格上升，于是人们的财富（W）增加，在财富效应下人们财富增加会使消费支出（C）增加，最终总需求增加导致总产出（Y）提高。财富效应传导具体过程表达如下：$M\uparrow \Rightarrow P_e\uparrow \Rightarrow W\uparrow \Rightarrow C\uparrow \Rightarrow Y\uparrow$。

2. 信用渠道有关理论

20 世纪 80 年代初，斯蒂格利茨（Joseph E. Stiglitz）基于信息不对称现象对货币政策传导的资产价格等渠道提出了质疑。他认为由于信息不对称等现象的存在，经济中完全有效的市场机制是不存在的。随后 20 世纪 90 年代，Bernanke 和 Blinder 提出了信贷观，在信贷观的理论体系下货币政策的传导渠道就称为信贷传导渠道。根据信贷观货币政策的传导途径可归纳为以下步骤：货币当局→政策工具→银行系统→信贷的数量→投资支出→影响实际经济产出。货币政策的信贷传导包括两个渠道：银行信贷渠道和资产负债表渠道（Balanee sheet channel）。

（1）银行信贷渠道。银行信贷渠道（Bank lending channel）是基于信息不对称以及银行在金融体系中发挥着特殊作用的理论观点。由于信息不对称，银行信贷和其他金融资产之间就不存在完全替代性。由于某些借款人的融资来源对银行贷款的依赖度很高，例如中小企业。当实施扩张型货币政策时，货币供应量（M）增加，银行存款（R）上升，可贷资金增加导致贷款（L）增加，依赖银行的企业融资成本下降，扩大投资（I），最终可促使总产出（Y）增加。具体过程表达如下：$M\uparrow \Rightarrow R\uparrow \Rightarrow L\uparrow \Rightarrow$ 企业融资成本 $\downarrow \Rightarrow I\uparrow \Rightarrow Y\uparrow$。

（2）资产负债表渠道。资产负债表渠道（Balanee sheet channel）基于企业面临的外部融资额外成本取决于企业的净资产这一设想，因此也称为净财富渠道。当货币当局实施扩张型货币政策时，货币供应量（M）增加使股票价格上升即企业净值（P_e）上升，银行拿到的抵押品价值也上升，因此信贷活动中的逆向选择（Adverse selection）和道德风险（Moral hazard）减轻，银行会增加信贷数量（L）；另外，扩张型货币政策使利率（i）下降，企业投资（I）增加，进而导致总产出（Y）增加。这一过程表示如下：$M\uparrow\Rightarrow P_e\uparrow\Rightarrow$ 逆向选择（AS）和道德风险（MH）$\downarrow\Rightarrow L\uparrow\Rightarrow i\downarrow\Rightarrow I\uparrow\Rightarrow Y\uparrow$。

二　货币政策差异效应形成机理

国内外学者尝试过从各种角度对货币政策差异效应的形成机理进行解释，并且构建了各种类型的模型，其中解释力较强、被理论界普遍认可的理论有凯恩斯（1936）提出的主观预期和市场情绪解释、新凯恩斯主义的价格黏性和菜单成本模型，基于信息不对称理论的不对称信息模型以及伯南克等提出的金融加速器模型等。

1. 主观预期和市场情绪

普遍意义上的预期是指人们对未来情况的估计，经济学意义上的预期是指市场参与者对经济变量的未来值作出预测来进行当下的决策。预期这一概念被引入经济学领域后也在不断地发展变化，与货币政策差异效应相联系的则是主观预期概念。古典经济学中有完全理性市场参与者这一假设条件，而实现经济中这一假设并不可能完全成立。市场参与者的心理预期形成会受到诸如通货膨胀预期、市场情绪等众多信息的影响，由于信息不对称等原因，市场参与者并不可能完全理性地进行决策，因此市场参与者的预期具有极大的不确定性。而央行实施货币政策的作用机制之一就是通过向市场发出信号、引导市场参与者的预期，从而实现对宏观经济的调控。当市场参与者的预期具有不确定性时，央行通过货币政策引导市场参与者预期的作用方向就不明确，从而货币政策效应也就随之产生了不确定性。这就是从主观预期和市场情绪解释货币政策差异效应的基本逻辑。

货币政策效应会受到市场参与者主观预期的影响这一理论最早是在1936年被凯恩斯学派所提出。凯恩斯认为市场参与者对资本边际效率的预期非常重要，它是联系主观预期和经济活动的桥梁，市场参与者的主观预期主要通过资本边际效率影响经济活动。当市场参与者预期币值下降则资本边际效率会上升，产出会增加；反之，当市场参与者预期币值上升则资本边际效率会下降，产出会下降。图 3-2 对此现象进行了解释，当市场参与者预期币值下降资本边际效率会上升，OO'则会右移至 AA'，若要保持投资水平 I_e 不变，则需要使用紧缩型货币政策使利率上升至 i_A。当市场参与者预期币值上升资本边际效率会下降，OO'则会左移至 BB'，若要保持投资水平 I_e 不变，则需要使用扩张型货币政策使利率降至 i_B。但是由于 i_B 为负值，即便使用扩张型货币政策也无法使利率降为负值。由此会导致紧缩型货币政策有效而扩张型货币政策无效，货币政策产生差异效应。

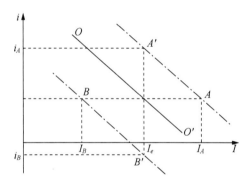

图 3-2 资本边际效率和货币政策差异效应的关系

Ban 和 Mankiw（1994）也认为主观预期是导致货币政策差异效应的原因。但与凯恩斯学派观点不同的是，Ban 认为市场参与者对通货膨胀的预期是主观预期和经济活动的桥梁。行为经济学中对于市场参与者的从众心理解释为"羊群效应"，即市场参与者的行为具有趋同的趋势。当通货膨胀处于上升通道时，公众对价格水平预期将还会上涨，因此扩张型货币政策效应将会被加强而紧缩型货币政策无法发挥其应有的效应；反向情况同样存在，当通货膨胀处于下行通道时，紧缩型货币政策被加强而扩张型货币政策效用受到削弱，甚至无法发挥作用。

Choi（1999）则认为市场参与者的通货膨胀预期影响货币政策产生差异效应时，要受到经济周期的影响。在经济周期的上升阶段，公众预期不会使用紧缩型货币政策，因此货币需求会保持现有水平，紧缩型货币政策会收到明显效果；在经济周期的下行阶段，扩张型货币政策符合公众对央行的预期，公众在措施实施前就会调高对通货膨胀的预期，在此情况下扩张型货币政策部分或全部被预期到，因此无法收到预期效果。因此是市场参与者对通货膨胀的预期随经济周期呈现阶段性变化造成了货币政策差异效应的产生。

随着理论的进一步发展，Florio 和 Milano（2004）提出了一种新的观点，即市场参与者在经济周期不同阶段情绪的差异性导致货币政策差异效应的产生。在经济萧条时期市场参与者的悲观情绪要大于经济繁荣期的乐观情绪，因此经济萧条时期，在市场参与者的悲观情绪下使用扩张型货币政策对经济的拉动效果，要小于经济繁荣期，在市场参与者的乐观情绪下使用紧缩型货币政策对经济的抑制效果。因此，Florio 等认为货币政策在经济周期不同阶段差异效应的产生应该由经济周期中公众的市场情绪来解释。

2. 价格黏性和菜单成本

基于非均衡或者非市场出清的假设，新凯恩斯主义弥补了旧凯恩斯主义在解释"工资—价格机制"时微观基础不足的缺点，从不完全信息、交错定价等市场缺陷角度解释了价格和工资存在黏性的合理性，为货币政策差异效应的形成机理分析奠定了坚实基础。该观点认为，较之产品价格和劳动力价格的下降，价格的上升更容易实现，因此总供给曲线在数学上应该是凸曲线。这样一来，表现在产出和价格水平上，即使大小相等方向相反的扩张型货币政策和紧缩型货币政策其影响效应也并不完全对称。

Mankiw 和 Romer（1991）认为是价格黏性导致了货币政策差异效应的产生。在经济周期下行期间，扩张型货币政策可以通过使产品价格和劳动力价格工资上调来刺激经济；而在经济周期上行期间，由于价格黏性的存在，紧缩型货币政策却很难使产品价格和劳动力价格下调。由此得出，在经济萧条时期，扩张型货币政策会使产品价格和劳动力价格上升而对产出作用不大；相反在经济繁荣时期，紧缩型货币政策很难使产品价格和劳动力价格下调，但会使总需求下降从而导致总产出下降。因此，货币政策具有差异效应。

Ball 和 Mankiw（1994）等通过菜单成本模型从价格黏性的角度对货币政策的差异效应进行了说明。当货币流通速度为 1 时，经济体中市场参与者的效用为：

$$U = f\left(\frac{M}{P}, \frac{P_i}{P}\right) - sH$$

其中，M 为货币供给量，P 为价格总水平，P_i 为名义价格，s 为菜单成本，H 为模型中的哑变量，当价格发生变化时为 1，否则为 0。当 $s = 0$ 即不存在菜单成本时，货币政策使价格发生等量变化，意味着货币政策中性。此时有：

$$f_2\left(\frac{M}{P}, \frac{P_i}{P}\right) = 0$$

其中，f_2 表示效用函数对第二个变量求导。此时均衡表示为：$M = P = P_i = 1$。

此时，生产决策者根据是否支付菜单成本来决定产品价格。如果支付菜单成本，价格则调整为 P_i^*，否则价格维持 P_i 不变。当市场参与者决定改变价格时，其效用为：$U' = f\left(M, \frac{P_i^*}{P}\right) - s$；当市场参与者决定不改变价格时，效用为：$U'' = f(M, 1)$。如果 $U'' > U'$，这种情况下不改变价格就是均衡选择，即：

$$f\left(M, \frac{P_i^*}{P}\right) - f(M, 1) < s \tag{3.1}$$

对式（3.1）在 $M = 1$ 处进行泰勒二阶展开得到一个区间：

$$(1 - M^*; 1 + M^*)，\quad 其中，\quad M^* = \sqrt{\frac{-2f_{22}s}{f_{12}}} \tag{3.2}$$

货币供给在这个区间内时，不改变价格就是均衡选择。而当 M

处于区间 $(-\infty; M^{**})$ 或者 $(M^{**}; \infty)$，其中 $M^{**} = \sqrt{\dfrac{-2s}{f_{22}}}$ 时，货币供给冲击是中性的。这样一来，当 $M \sim (1-M^*; 1+M^*)$ 时，货币供应量的变动就具有实际效果；当 $M \sim (-\infty; M^{**})$ 或者 $M \sim (M^{**}; +\infty)$ 时，货币供应量的变动是中性的。因此，当存在菜单成本并且其他外部条件均不发生变化时，名义货币需求的变动就直接决定着价格和产出的变动。

现在假定货币供给服从均值为 M、方差为 σ^2 的随机分布，市场参与者必须在货币供给量真正发生变动之前决定是否按照物价调整价格，即决定是否支付菜单成本。在本模型中，不调整价格的均衡为：

$$Ef\left(\frac{M}{P}, \frac{P_i^*}{P}\right) - Ef\left(\frac{M}{P}, 1\right) = -\frac{f_{12}^2}{2f_{22}}\sigma^2 < s \qquad (3.3)$$

由式（3.3）可推导出：$\dfrac{1}{P} = 1 - \dfrac{f_{21}^2}{2f_{22}}\sigma^2$

此时的情况变为，由货币供给量冲击的方差决定是否支付菜单成本。如果货币供给量冲击的方差大，则货币供给量冲击是中性的、货币政策无效；反之，则货币供给量冲击能够影响经济、货币政策，具有实际效果。这样一来，货币政策要么有实际效果，要么中性没有实际效果。

如果货币政策决定的货币供给方差服从一阶马尔科夫过程，且 π_{ij} 表示现在货币供给的方差是 i，未来实际货币供给的方差是 j 的概率，则概率转移矩阵表示为：

$$\prod = \begin{bmatrix} \pi_{00} & \pi_{01} \\ \pi_{10} & \pi_{11} \end{bmatrix}$$

其中各行概率之和为 1。由上述推导可知，不改变价格就是均衡选择，则：

当 $i = 0$ 时，$-\dfrac{f_{12}^2}{2f_{22}}(\pi_{00}\sigma_0^2 + \pi_{01}\sigma_1^2) < s$ \qquad (3.4)

$$当\ i = 1\ 时， \quad -\frac{f_{12}^2}{2f_{22}}(\pi_{10}\sigma_0^2 + \pi_{11}\sigma_1^2) < s \qquad (3.5)$$

这样一来就会产生两种不同的结果：一是如果 σ_0^2 和 σ_1^2 差别很小或者 π_{10} 和 π_{01} 近似于 1，则要么都调整价格要么都不调整价格；二是如果两种状态下货币政策的方差相距较大，则价格调整在 $i = 0$ 时不发生，在 $i = 1$ 时发生。

由此可以看出在菜单成本模型中，货币政策差异效应是由市场参与者的最终决策表现，而正是由于不同决策者对货币政策的预期不完全相同，才最终导致了货币政策差异效应的出现。

3. 信息不对称

由于信贷活动中存在信息不对称现象，商业银行作为信贷资源供给者在经营活动中不得不面对逆向选择和道德风险问题，而作为信贷需求者，生产者的生产经营活动也会受到融资约束和代理成本约束的影响。这就是信息不对称理论的最具体的表现之一。在真实经济周期模型的思想基础上，Bemanke 和 Gertler（1989）引入信息不对称理论，构建出一个简单的新古典经济周期模型。他们运用此模型分析了信贷市场上的信息不对称现象是如何在传递过程中引起宏观经济的波动，并且阐述了在此过程中货币政策差异效应是如何产生的。该理论可简单总结为以下逻辑过程：信息不对称现象导致企业外部融资出现代理成本，而且经济越不景气企业的代理成本越高。因此，在经济萧条时期企业融资的代理成本上升幅度会超过在经济繁荣时期代理成本的下降幅度。在这种情况下，货币政策通过资产负债表渠道影响企业的投资行为时，经济萧条时期的货币政策效应会比经济繁荣时期大。

首先对模型进行构建。假设经济中所有的人都有各自固定的劳动禀赋，每人只生存两期且只有第一期有收入，劳动禀赋必须在第一期被使用而且由于第二期没有收入，因此需要为第二期进行储蓄。假设企业家的劳动禀赋和储蓄者的劳动禀赋分别为 L' 和 L''，则经济中所有人的人均劳动禀赋为 $\lambda L' + (1 - \lambda)L''$。

企业家在第一期不消费只在第二期消费，储蓄者在一生中两期均消费。那么第 i 期出生的储蓄者的效用为：$f(C_i^y) + \theta E_t(C_{i+1}^0)$。其中，$C_i^y$ 和 C_{i+1}^0 分别为储蓄者在年轻时和退休后的消费，y 代表各期收入，函数 $f(\cdot)$ 表示效用函数，$E(\cdot)$ 表示未来效用的期望，θ 为折现因子。

假设市场为完全竞争市场，每单位劳动力的价格为 w_t，则企业家的人均收入和储蓄者的人均收入分别为 $w_t L'$ 和 $w_t L''$。由于企业家的属性就是扩大生产使利润最大化，因此可假设企业家在第一期的收入全部用来扩大生产而只在第二期消费，因此企业家的平均储蓄 S' 为：

$$S' = w_t L' \tag{3.6}$$

储蓄者在一生中的两期均消费，因此储蓄者的平均储蓄 S'' 为：

$$S'' = w_t L'' - C(y) \tag{3.7}$$

其中，$C(y)$ 是贷款者年轻时的消费。式（3.6）和式（3.7）将工资和储蓄的联系建立起来了。

其次考察完全信息时的均衡情况。对于企业家来说，利润为零是企业家进行投资和储蓄的无差别分界点，在该点上的效率水平 $\bar{\delta}$ 满足：

$$p_{t+1}k - rx(\bar{\delta}) = 0 \tag{3.8}$$

其中，p_{t+1} 为第 $t+1$ 期投入资本的预期价格，企业家进行投资的机会成本为 $rx(\bar{\delta})$。假设经济中的储蓄量总是能够满足盈利项目所需要的资金量，则有：

$$\lambda L' + (1-\lambda)L'' > \int_0^{\bar{\delta}} x(\bar{\delta}) d\delta \tag{3.9}$$

式（3.9）对于任意效率水平 $\bar{\delta}$ 和资本存量 k_t 均成立。这样就保证了无论在何时达到均衡，经济中总能有部分储蓄是以存货的形式保留的资金，并且经济运行过程中储蓄的边际回报率始终是 r。于是有：

$$m_t = \bar{\delta}\lambda \qquad\qquad (3.10)$$

$$k_{t+1} = km_t \qquad\qquad (3.11)$$

其中，m_t 为第 t 期经济中人均投资项目数。式（3.10）说明经济中的人均投资等于企业家在经济总人口中的比例与进行投资的企业家在企业家总数中的比例的乘积；式（3.10）说明未来的人均资本存量等于社会平均的生产率与人均投资项目数的乘积。

由式（3.8）、式（3.10）和式（3.11）可共同推导出完全信息情况下的 SS – DD 曲线，见图 3 – 3。

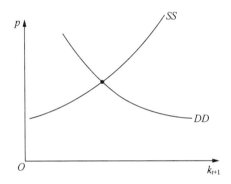

图 3 – 3　完全信息情况下的资本供给和需求曲线

SS 曲线方程：$p_{t+1} = rx(k_{t+1}/\lambda k)/k$ $\qquad\qquad (3.12)$

DD 曲线方程：$p_{t+1} = \alpha F'(k_{t+1})$ $\qquad\qquad (3.13)$

式（3.12）中 SS 曲线方程斜率为正，图线向上倾斜，说明资本在未来的预期价格 p_{t+1} 越高生产中获利的企业家就越多，可以导致更大比例的储蓄被用作投资而对未来的储蓄相对减少；式（3.13）说明资本在未来的预期价格 p_{t+1} 等于其期望边际产品的价格。当资本存量越小，其边际产品价格越高，DD 曲线向下倾斜。由于式（3.12）和式（3.13）与第 t 期各变量状态无关，因此可知，式（3.12）和式（3.13）适用于经济中任意时期。

下面来考察不完全信息时的均衡情况。不完全信息意味着获取信息需要通过审计，审计支付的费用 $\phi > 0$。假设企业家进行投资所需的资金而自身的储蓄无法满足 $S' < x(\delta)$，因此企业家想要完成投资扩大生产，缺少的资金就必须通过借款的形式来补足。假设，储蓄者此时把手中的储蓄借贷出去的机会成本为 r，那么将会有两种情况发生：

第一种情况为"坏"情况，发生的概率为 π_1，投资产出为 k_1 单位资本品；第二种情况为"好"情况，发生的概率为 π_2，投资产出为 k_2 单位资本品，其中 $k_1 < k_2$。资金贷出者只在企业家宣布处于"坏"情况时对企业进行审计，假设"坏"情况下进行审计的概率为 π_3，企业在宣布处于"坏"情况时和处于"好"情况时未被审计的回报为 d_1 和 d_2，企业在宣布处于"坏"情况时并被审计的回报为 d_3。这样一来企业的最优决策满足：

$$\max \pi_1(\pi_3 d + (1 - \pi_3) d_1) + \pi_2 d_2 \tag{3.14}$$

s. t.

$$\pi_1 [pk_1 - \pi_3(d + p\phi) - (1 - \pi_3) d_1] + \pi_2 [pk_2 - d_2] \geq r(x - s') \tag{3.15}$$

$$d_2 \geq (1 - \pi_3)(p(k_2 - k_1) + d) \tag{3.16}$$

$$d_1 \geq 0 \tag{3.17}$$

$$d \geq 0 \tag{3.18}$$

$$0 \leq \pi_3 \leq 1 \tag{3.19}$$

其中，p 为下一期资本相对价格。由式（3.14）至式（3.19）可以解得企业的最优决策，具体分为两种情况：

第一种情况，企业家的财富能够付清资金贷出者对资金要求的回报，即"完全担保"情形。这样审计的概率就为零，企业家在下一期的消费预期为：

$$c' = pk - r(x(\delta) - s') \tag{3.20}$$

其中，k 为投资产出的平均值，$k = \pi_1 k_1 + \pi V_2 k_2$，$c'$ 为完全担保情况下企业家的消费预期。

第二种情况，企业家的储蓄 s' 不能够付清资金贷出者对资金要求的回报，即"不完全担保"情形。此时式（3.14）至式（3.18）就变成了紧约束并且存在大于零的代理成本，这时最优审计概率为：

$$\pi_3 = \frac{r(x(\delta) - s') - pk_1}{\pi_2 p(k_2 - k_1) - \pi_1 p\phi} \tag{3.21}$$

这时企业家在不完全担保情况下的消费预期为：

$$c'' = \beta\{pk - r(x(\delta) - s') - \pi_1 p\phi\} \tag{3.22}$$

其中，$\beta = [\pi_2 p(k_2 - k_1)] / [\pi_2 p(k_2 - k_1) - \pi_1 p\phi] > 1$。

值得注意的是，$\partial c'' / \partial s' = \beta r > r$，因为在"不完全担保"情形下，内源性融资可降低代理成本，因此内源性融资的回报会超过外源性融资。这样一来，模型中企业进行投资生产所使用资本的平均成本就取决于投资活动中内源性资本和外源性资本之间以何种比例进行组合。

对于任意的企业效率水平 δ，定义 $s^*(\delta)$ 为企业正好处于"完全担保"情况下的储蓄水平，则：

$$s^*(\delta) = x(\delta) - (p/r)k_1 \tag{3.23}$$

对于那些效率为 δ 的企业家，如果投资金额大于 $s^*(\delta)$，则可以在审计概率 $\pi_3 = 0$ 的情况下通过贷款筹集资金进行投资扩大生产活动。在这种情况下，企业处于"完全担保"情况下的储蓄水平 $s^*(\delta)$ 则为预期资本价格 p 的减函数。

总结以上情况，图3－4则可体现不同类型企业家的生产可能性集合。企业家进行的投资在图中由实线部分表示，储蓄的机会成本由虚线部分表示，斜率为 r。企业家的预期消费是企业家投资所使用其储蓄量的函数。

下面对不同企业进行分类。分别定义 $\bar{\delta}$ 和 $\underline{\delta}$ 为经济中企业的最高效率水平和最低效率水平，则有：

$$pk - rx(\underline{\delta}) - \pi_1 p\phi = 0 \tag{3.24}$$

$$pk - rx(\bar{\delta}) = 0 \tag{3.25}$$

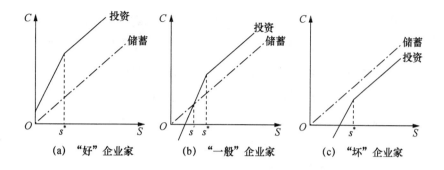

图 3 - 4　不同类型企业家的投资决策曲线

称 $\delta < \underline{\delta}$ 的企业家为"好"企业家，好企业家哪怕在坏状况下审计概率 $\pi_3 = 1$ 时投资预期回报也依然为正；称 $\underline{\delta} < \delta < \overline{\delta}$ 的企业家为"一般"企业家；称 $\delta > \overline{\delta}$ 的企业家为"坏"企业家，坏企业家哪怕在代理成本为零时，投资预期回报也依然为负。由于资本的期望价格 p 越高，企业的生产效率越高，因此，$\overline{\delta}$ 和 $\underline{\delta}$ 都是资本的期望相对价格 p 的增函数，由此也可以看出企业的分类与资本的期望相对价格 p 有关。

对企业家分类之后再来看不同类型企业家的最优决策。"好"企业家在投资的储蓄量达到完全担保水平 $s^*(\delta)$ 时，将储蓄投资生产和贷款给其他人回报是一样的。在投资的储蓄量没有达到 $s^*(\delta)$ 之前，投资的边际回报就大于持有存货或者贷款给别人的回报，好企业家的最优决策是将储蓄进行投资。另外，如果好企业家的储蓄 $s' < s^*(\delta)$，那么投资被审计的概率为正，代理成本出现；如果好企业家的储蓄 $s' > s^*(\delta)$，则代理成本为 0。

"坏"企业家的投资回报在任何储蓄水平上都小于将储蓄贷款给别人的回报，因此对于"坏"企业家来说，回报最高的最优决策是不去做任何投资，要做的仅仅是将储蓄贷款给别人或者将储蓄转化成存货的形式进行留存。

"一般"企业家的情况比较复杂。定义 $s_0(\delta)$ 为投资生产和储蓄回报一样时的储蓄水平，则"一般"企业家的生产可能性集合分为三种：$s' < s_0(\delta)$ 时，企业家更愿意持有储蓄而不会去进行投资生产；$s_0(\delta) < s' < s^*(\delta)$ 时，企业家会将储蓄投资生产但是要面对正的审计概率；$s' > s^*(\delta)$ 时，企业家则处于"完全担保"状况。

因此由上述分析可知，在不完全信息的情况下，尽管存在大于零的代理成本，但是所有"好"企业都将进行投资生产；而"一般"企业家则只在代理成本为零时进行投资生产。

对于给定的预期资本相对价格 p：

（1）$\delta < \underline{\delta}$ 的"好"企业家有：

$$\pi_3(\delta) = \max\left(\frac{rx(\delta) - pk_1 - rs'}{p\,\pi_2(k_2 - k_1) - \pi_1\phi},\ 0\right) \tag{3.26}$$

其中，$\pi_3(\delta)$ 代表"好"企业家面临的审计概率。则由式（3.26）可知，$\pi_3(\delta)$ 随着 p 和 s' 的增大而减小。当 $s' > s^*(\delta)$ 时，企业家则转变为"完全担保"状况，此时 $\pi V_3(\delta) = 0$。

（2）$\underline{\delta} < \delta < \overline{\delta}$ 的"一般"企业家中，只有代理成本为零的部分企业家投资生产，令投资生产部分的比例为 $k(\delta)$，则有：

$$k(\delta) = s'/s^*(\delta) \tag{3.27}$$

将式（3.27）代入式（3.26）可以得出：

$$k(\delta) = \min\left(\frac{rs'}{rx(\delta) - pk_1},\ 1\right) \tag{3.28}$$

由式（3.28）可知，$k(\delta)$ 随着 p 和 s' 的增大而增大。当 $s' > s^*(\delta)$ 时，企业家则转变为"完全担保"状况，此时 $k(\delta) = 1$。

由上述推导过程可知，人均资本 k_{t+1} 可表示为：

$$k_{t+1} = \left\{k\overline{\delta} - \left[\int_0^{\underline{\delta}} \pi_1\phi\,\pi_3(\delta)\,d\delta + \int_{\underline{\delta}}^{\overline{\delta}} k(1 - k(\delta))\,d\delta\right]\right\}\lambda \tag{3.29}$$

不完全信息下的资本供给曲线可由式（3.29）表示，记为 $s's'$ 曲线。由图 3 - 5 结合图 3 - 3 可知，SS 曲线为完全信息下的资本供给曲线，因此不完全信息下的资本供给曲线 $s's'$ 位于 SS 曲线的左边。$s's'$ 曲线的位置与预期资本相对价格 p 和企业储蓄水平 s' 有关。当预期资本相对价格 p 和企业储蓄水平 s' 越来越高时，$s's'$ 曲线逐渐

向 SS 曲线逼近；当预期资本相对价格 p 和企业储蓄水平 s' 越来越低时，$s's'$ 曲线逐渐远离 SS 曲线。图中 $s's'_{min}$ 是 $s's'$ 曲线的最远位置，此时对应的企业储蓄水平 s' 最小。

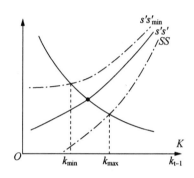

图 3 - 5　不完全信息情况下的资本供给和需求曲线

最后来考察企业投资生产的差异效应。在不完全信息下，生产率 $\bar{a}$ 的提高会使企业净值提高进而促进生产投资，在图中表现为 $s's'$ 曲线右移。同时，生产率 $\bar{a}$ 的提高还会使未来人均资本 k_{t+1} 上升，进而使企业的投资进一步升高。因此生产率的提高对投资生产的刺激作用是持续的，反之亦然。由此可知，在经济繁荣时期，企业净值较高，企业资产负债表的表现较好，这些情况都说明企业融资环境较之前得到改善，因此企业获得外部融资的可能性也随之提高，这又进一步刺激了生产投资，使经济景气的情况得到扩大；在经济较差时期，这一过程又反过来加强生产投资的收缩作用，使经济不景气的情况也得到扩大，强化了产出下降。尽管扩张作用和紧缩作用都会被放大，但是对产出的影响存在差异性。如果资本存量的初始水平就位于完全信息条件下的 k_{max} 水平，此时对应的 a^* 就是 $s's'$ 曲线正好与 SS 曲线重合的生产率 $\bar{a}$ 的最大值。此时由于所有"好"的企业家和"一般"的企业家都已经处于"完全担保"情况下，生产率 $\bar{a}$ 超过 a^* 也不会再使 $s's'$ 曲线右移，大幅投资增加的可能性已经为零；相反生产率 $\tilde{a}$ 低于 a^* 可以使 $s's'$ 曲线左移，投资下降的可能性依然存在。因此产出的波动存在差异性，投资下降的可能性比投资增加的可能性更大。

4. 金融加速器模型

金融加速器效应是指在经济周期中，企业的净值会随着经济冲击而波动，而信贷市场会将这种冲击对经济的影响放大这一效应。伯南克和格特勒（1996）将信贷市场代理成本这一概念引入委托—代理人框架中，伯南克等认为金融加速器的产生是由于代理成本会随着经济周期的波动而波动，而这也正是货币政策差异效应的形成原因。

企业在两期之间进行生产活动。投入品分别为固定要素 K 和可变要素 m，生产函数 $f(x)$ 为单调递增凹函数，则企业家进行生产购买可变要素的预算约束为：

$$m_t = af(m_{t-1}) + b_t - rb_{t-1} \qquad (3.30)$$

其中，a 为技术生产率，$af(m_{t-1})$ 为上期产出；r 为银行利率，rb_{t-1} 为上期借款；b_t 为当期借款。企业向银行贷款需要抵押担保，企业在当期的贷款应以固定要素 K 在当期的折现为约束：

$$b_t \leqslant (q/r)K \qquad (3.31)$$

综合以上两式可知企业购买可变要素的约束为：

$$m_t \leqslant af(m_{t-1}) + (q/r)K - rb_{t-1} \qquad (3.32)$$

式（3.32）说明企业进行生产时购买可变要素的支出不能超过企业上期生产的当期现金流 $af(m_{t-1})$ 与企业净资产当期折现 $(q/r)K - rb_{t-1}$ 之和，即购买可变要素的支出不能超过当期企业的净值。

金融加速器理论对货币政策差异效应的形成可通过式（3.32）很好地进行解释。当企业净值下降时，代理成本会增加从而使企业对可变要素的投入减少，最终导致产出的减少。这种贷款企业净值的波动影响企业融资的代理成本，进而影响企业的投融资活动，最终导致经济中实际生产行为产生波动的作用过程就是所谓的金融加速器理论。根据该理论,经济运行中很小的外生冲击都可能引起整体经济的大幅度波动。

通过式(3.32)还可以分析影响企业净值的因素,进而探寻货币政策差异效应形成的影响因素。由式(3.32)可知,当期现金流 $af(m_{t-1})$、资产价格 q 或上期债务 b_{t-1} 的数量都是能够对企业净值产生影响的因素。在真实生产活动中,如果企业生产经营中面对的预算约束是硬约束,利率 r 的上升会降低固定资产在当期的折现($q/r)K$,从而使企业净值降低,企业当期现金流与当期利息支出之差 $af(m_{t-1})-rb_{t-1}$ 也会减小,因此企业净价值下降;如果企业面对的预算约束是软约束,利率 r 的上升对经济产生影响的渠道只能是成本效应(即利率 r 的上升会降低投资回报率)。在此过程中投资回报率和企业净值之间的影响是作用与反作用关系。在货币政策冲击的加速传导过程中,由于所处经济周期的阶段不同,企业面临约束的松紧状况完全不同,企业的现金流、资产价格以及债务状况都不尽相同,央行货币政策的调整传导至企业时对企业生产的影响自然也不同,从而形成了现代经济运行中的一个独特现象:即小冲击引发大波动。只要改变了投资回报率,经济运行中任何一个小冲击在金融加速器的放大效应作用下,都可能影响社会总产出进而导致经济的大幅波动。这就是金融加速器放大效应以及货币政策差异效应的产生机理。

第二节 转轨时期我国货币政策的特殊性分析

一 我国货币政策调控实践的历史变迁

如果把货币政策按照调控方式的不同来进行划分,又可进一步分为直接调控和间接调控。货币政策的直接调控是指政府这只"看得见的手"直接参与调节和控制经济运行活动,通过政府掌握的资源达到期望实现的目标。货币政策的间接调控则是通过市场参数本身来影响市场的运行和发展。货币政策直接调控是指央行直接使用货币政策工具，如资金价格和信贷数量等来影响商业银行的行为；货币政策的间接调控是指央行通过调节市场上各种经济变量的相对价格来间接地影响商业银行等金融机构的行为。二者之间作用方式和运行机制均不同，因此对货币政策传导的影响也不尽相同。

从直接和间接的角度来划分，新中国成立至1979年，我国实行高度统一的计划经济体制，基本没有金融市场，货币政策传导过程简单直接，可谓是从政策手段直接到最终目标；1979—2008年这一阶段我国央行制度得以确立，金融机构逐步建立，但是货币市场仍然没有完全进入传导过程，因此属于直接调控向间接调控的过渡阶段；2008年之后，随着我国货币市场的不断发展，货币政策间接调控的基础得以建立，在实施货币政策间接调控的前提基础和客观需要都具备的条件下，金融宏观调控方式也逐步转化，我国运用货币政策调控经济的方式也可谓进入了间接调控阶段。我国货币政策分阶段传导机制可以用表3－1表示：

表3－1　　　　　　　　　中国货币政策分阶段传导机制

	政策工具		操作目标	中介目标	最终目标
	主要工具	辅助工具			
改革开放后二十年（1979—1997年）	信贷现金计划、中央银行贷款	利率政策、信贷政策、再贴现公开市场操作、特种存款	贷款规模到基础货币	贷款规模到货币供应量	从发展经济、稳定物价到稳定货币，并以此促进经济增长
间接调控期（1998—2009年）	中央银行贷款利率政策、公开市场操作	存款准备金、再贴现、指导性信贷计划、信贷政策、窗口指导	基础货币（监测流动性）	货币供应量（监测利率、汇率）	稳定货币，并以此促进经济增长

资料来源：易纲：《中国货币政策框架》。

我国货币政策真正意义上走上历史舞台，是从 1984 年中国人民银行专职行使中央银行职能的体制正式确立开始的。纵观我国近二十多年的经济发展，货币政策随着宏观经济和国际经济形势的变化，不断进行着与时俱进的调整，大体可以概括地分为以下几个阶段：

1. 货币政策的直接调控与间接调控并存阶段

（1）1984—1993 年，直接调控多于间接调控阶段。1984 年，随着中国人民银行正式确立专职行使中央银行职能，存款准备金制度的建立，我国货币政策开始了由直接调控向间接调控的过渡。货币政策传导渠道开始呈现出多元化格局，利率和存款准备金被纳入货币政策工具。尽管如此，这一阶段货币政策调控依然是以对贷款规模控制的直接调控为主。

（2）1994—1997 年，间接调控多于直接调控阶段。1993 年年底，国务院颁布了《关于金融体制改革的决定》，我国开始了第二轮金融体制改革。1994 年年初，我国开始实行汇率并轨并建立了全国统一的外汇市场；1995 年《中央银行法》诞生；1996 年全国同业拆借市场建成；1997 年央行对商行总行开办再贴现窗口。以上诸多大事件的发生，都极大地拓宽了货币政策传导渠道，在很大程度上提升了货币政策的有效性，更使货币政策在宏观经济调控中的作用和地位得到了确立和认可。但是，这一时期我国货币当局的政策工具依然是传统的信贷工具，利率工具使用不多，而存款准备金率在这一时期几乎不被采用。

直接调控模式下货币政策执行效果总结：货币政策直接调控时期操作手段较为僵硬，完全是计划经济时期的调控方式。央行可以控制信贷总量，根据各个商业银行上报的信贷需求制订信贷投放计划并且可以通过控制下放的信贷指标来控制货币供给。尽管直接调控时期央行对信贷投放的控制力很大，但各个商业银行还是不同程度地受到地方政府的压力，在实际贷款投放过程中超发，导致央行信贷管理达不到预期效果。这一时期我国央行货币政策工具的使用还处于起步阶段，央行控制信贷规模的工具使用经常会造成经济大起大落，导致直接调控时期通货膨胀和通货紧缩现象在我国经常呈现交替现象，对经济的发展造成了较强的负面影响。

2. 货币政策间接调控的确立与发展

（1）1998—2002 年，以间接调控为主，直接调控为辅阶段。从 1998 年年初开始，我国央行实施了重大改革措施，对商业银行的管理模式由信贷增量管理来替代信贷规模管理，并且正式取消了国有商业银行的贷款规模控制这一管理指标。除此之外，央行宣布不再使用指令性计划这一硬性管理指标，改为实行资产负债比例管理和风险管理，此举标志着货币政策调控由直接转为间接。这是我国货币政策调控机制的一场革命性改变，为日后货币政策中介目标由原先的贷款规模控制向货币供应量控制转变做好了铺垫，也为由直接调控向间接调控转变奠定了基础。由此，我国货币政策的间接传导机制基本确立，传导步骤大致归纳为"货币政策工具——中介目标——最终目标"。与此同时，我国货币政策的间接传导体系也得以建立，传导体系中大致包括"中央银行—各金融机构及金融市场—企业和居民—国民收入"一系列环节。在 1998 年到 2002 年，我国货币政策通过货币渠道和信用渠道相对独立共同传导，主要政策调控工具是利率、中央银行再贷款、公开市场操作，辅助工具是存款准备金、再贴现、指导性信贷计划等，强化对货币供应量的调节。

（2）2003—2006 年，间接调控政策的确立阶段。从 2003 年开始，尽管我国货币政策仍然保持"稳健"的总基调，但针对经济实质上出现的过热现象，我国货币政策的内涵已倾向于适度从紧。中央银行频频出台政策，如提高存款准备金率等对经济进行调控，引导信贷投资合理增长，同时积极开展公开市场操作，不断对流动性进行调节。2004 年 1 月 1 日央行将部分商业银行利率浮动区间上限扩大到贷款基准利率的 1.7 倍。2004 年 4 月 25 日，中国人民银行开始实行差别存款准备金率制度。2005 年 7 月 21 日，我国宣布不再实行原有固定汇率制度而改为实行浮动汇率制度，从此汇率市场也由原先的政府管制市场变为以市场供求为基础、有管理有调节的汇率市场。2006年经济出现通货膨胀势头，同年中央银行连续三次上调存款准备金率，七次上调金融机构人民币存贷款基准利率。

（3）2007—2008年8月，间接调控政策发展阶段。2007年，我国经济增长速度偏快的趋势有所加剧，这迫使我国货币政策已实施十年之久的稳健内涵悄然发生改变，货币政策从"稳健"到"稳中适度从紧"，再从"稳中适度从紧"到"从紧"。2007年是政策工具运用最频繁的一年，中央银行连续十次提高存款准备金率，最终达到14.5%，使一向被视为货币政策"猛药"的存款准备金率在频繁上调后已渐成常态。同时连续六次上调金融机构人民币存贷款基准利率。除此之外，央行搭配运用公开市场操作，继续加强对商业银行的"窗口指导"和信贷政策引导，合理组合各种货币政策工具，使搭配在一起的工具组合更具效率。这一阶段货币政策操作的主要着眼点始终是控制国内通货膨胀压力和解决流动性过剩，引导货币信贷合理增长，维护总量平衡，这种状态一直持续到2008年上半年。

（4）2008年下半年至2010年，间接调控政策深化阶段。受美国金融危机影响，全球经济体纷纷陷入困境，我国也难以独善其身。2008年9月，我国开始从上半年应对通货膨胀的"从紧"转折性地变为实施"适度宽松"的货币政策，运用组合工具和措施，四次下调存款准备金率，五次下调贷款基准利率，不断为市场注入信心，意在维护我国金融体系稳定。2009年，尽管我国继续保持"适度宽松"的货币政策，但新增贷款创下了历史天量，对稳定经济起到了积极的作用。2010年国内通货膨胀压力逐步加大，当年CPI同比上涨3.3%。尽管如此，考虑到经济回暖并不稳固，2010年我国继续实施"适度宽松"货币政策。

（5）2011年至今是我国货币政策间接调控操作逐渐熟练阶段。我国一方面通胀压力持续增加，另一方面危机后经济复苏并不稳固，两难局面下央行实施货币政策操作的难度极大增加。面对这种复杂的情况，一方面央行继续实施"稳健"货币政策、维持经济总体局势平稳，另一方面搭配组合多种货币政策工具，多措并举引导金融机构控制信贷投放总量、把握信贷投放节奏以及合理调整信贷投放结构。[①] 货币政策在具体操作过程中，要根据流动性形势变化随时调整操作的方向和力度，大力提高操作的灵活性，综合运用管理工具，保持定力精准发力，呈现出"动态微调"的趋势。[②]

货币政策间接调控阶段执行效果总结：我国央行自1998年货币政策操作实施间接调控以来，对货币发行的控制力度和操作水平都有了显著提高。货币政策直接调控阶段货币供应量增长率、GDP增长率和物价指数变动率波动幅度都很大，而进入间接调控阶段之后这些指标始终保持在相对较窄的范围内波动，波动幅度明显减小。以物价指数为例，货币政策直接调控阶段该指标最高值达到24.1%，而最低值仅为3.1%；进入间接调控阶段该指标仅2007年超过了4%。货币政策间接调控阶段，我国经济无论是货币供给量、GDP增长率还是物价水平都保持温和波动，经济发展避免了大起大落，充分说明这一阶段央行各种货币政策工具运用水平得到了较大提高，货币供给量在各种工具的综合运用下得到了有效控制，货币政策制定和实施水平比直接调控阶段有了明显的进步。

二 转轨时期我国货币政策的特点

在社会学理论范畴，转轨指的是历史发展进程中的一种特殊的质变过程，是社会经济结构整体的、根本的改变，是一个在历史过程中相对集中的制度变迁过程。中国经济体制由计划经济向市场经济转变这一制度变革，是具有历史意义的事件。这个变革从根本上改变了中国经济发展的原有路径和模式，使中国经济无论从内在制度还是外在表现上都呈现出一些新的特征。当前，我国处于市场经

① 中国人民银行：《货币政策执行报告》（2011），中国金融出版社2011年版。
② 中国人民银行：《货币政策执行报告》（2013），中国金融出版社2013年版。

济不断发展以及经济体制的转轨过程之中，货币政策传导表现出了一定的过渡性，有着时代的特殊性。从宏观上来看，当前我国货币政策具有以下特点：

1. 具有较强的结构调整功能

经典西方经济学理论认为，国家经济结构调整的目标一般是通过财政政策来实现的，现实中西方国家大多也是这样做的。但我国实际情况与经典理论不完全相同，我国货币政策在传统"经济增长、稳定物价、充分就业、收支平衡"四大目标的基础上，承担了很多经济结构调整的任务。金融机构改革前，我国货币政策主要通过再贷款政策对国家需要政策支持的地区和行业倾斜。金融机构改革后，转为由政策性银行发放再贷款来解决制度变革遗留问题。各种货币政策工具也都不同程度地体现着结构调整的目的。再贴现规定额度定向发放，这对于调整地区之间的经济差异有一定作用；差别化准备金率的使用，也从多层面对经济结构进行着调整。国有银行和信用社实行较低准备金率，股份制改革之后资本充足率不足的金融机构则实行较高准备金率，这一举动则对金融不发达地区及其地区产业予以支持。窗口指导以会议、文件等形式指导商业银行的信贷投放，对国家产业、行业以及区域结构都有影响。另外，还有支农再贷款、地方政府专项再贷款以及中小金融机构专项再贷款等货币政策工具，无一不在操作中体现着经济结构调整的目的。

2. 央行不具备完全独立性

1983 年国务院决定中国人民银行专门行使国家中央银行的职能以来，我国人民银行组织结构和职能范围都在不断地发生演变。尽管央行尽量减少省级分支机构对货币政策执行的干预，但不可否认的是我国央行的独立性一直不高，一直受国家刺激经济增长目标的影响而超发货币。当超发的货币引发通货膨胀和固定资产投资过快时，央行又被迫使用紧缩型货币政策，结果导致一大批成长中的中小企业倒闭。央行不具备完全独立性导致货币政策僵化，不但对经济起不到稳定的作用，相反还会导致经济大起大落、打乱经济秩序，不利于经济长久稳定的发展。

3. 货币供给具有内生性

为了实现经济快速发展，我国一直鼓励出口贸易，结果导致我国经济长期双顺差。近几年，随着我国经济实力的不断增强和汇率改革的实施，国际市场对人民币升值的预期越来越强，越来越多的热钱流入中国。面对此种局面，央行一直在运用各种工具回收流动性，例如提高准备金率和利率、公开市场操作等。尽管央行一直在做各种努力，但我国流动性过剩问题一直没能得到有效解决。无奈之下央行重启信贷规模控制这样的直接管制手段，并且把准备金率提到了史上最高的程度，货币流动性过剩问题逐渐才得以控制。由于我国外汇占款不断扩大，货币供给具有很强的内生性，因此央行根本无法完全控制我国的货币供给，严重影响货币政策有效性。

虽然我国货币政策传导宏观上具有以上特殊性，但我国货币政策经过多年的探索与不断的完善，已经初步形成了"中央银行→货币市场→金融机构→企业和居民"这一传导系统，初步形成了"货币当局→政策工具→操作目标→中介目标→最终目标"这一传导机制。尽管经过不断地改革完善，我国的货币政策体系已经能够在经济活动中发挥其该有的作用，但是当前我国货币政策传导与西方国家货币政策传导还是有很大的不同。西方国家的货币政策传导模式一般是"货币供给数量→利率→投资→总产出"，虽然有些国家以货币供给量作为中介目标加以调控，但是大部分西方国家还是把利率作为货币政策传导最主要的中介目标。但是我国的国情是，利率尚未完全市场化，仍然属于央行控制的外生变量。另外，由于我国一直处于改革探索过程之中，国家对于经济的干预一直存在，尽管国家一直努力在使经济向市场化的轨道上转向，但是受具体经济环境的限制和影响我国货币政策传导机制有着其特殊性。例如，我国1997 年之前一直把信贷规模作为货币政策中介目标，但是有数据和实证研究显示，我国的信贷数量和 GDP 之间的关系并不符合预期。1998 年之后，我国开始将货币供应量作为货币政策中介目标，并且取消了信贷限额。但是有实证研究显示，在我国，信贷规模在货币政策体系中依然发挥着重要的"中介作用"。

从微观上来看，当前我国货币政策具有以下特点：一是市场机制不断增强，随着市场经济的发展和全球经济一体化进程的推进，传统计划控制手段在货币政策传导中的地位和作用逐步衰落，与此同时货币政策的间接传导机制逐步得以建立完善；二是货币政策的传导基础有了很大改善，但由于市场机制不完善、市场约束和激励机制都不健全，微观金融主体对货币政策的反应不灵敏，因此还不存在稳定通畅的货币政策传导机制，货币政策预期目标的实现难以保证；三是由于受到多重约束和影响，我国目前货币市场和金融市场、金融资产与非金融资产之间的联系还不够紧密，利率还未实现完全市场化，因此我国货币政策的资产价格传导渠道并不畅通；四是由于市场机制不完善、金融体系尚未发育完全并且存在广泛的信息不对称和存在各种形式的金融管制，我国通常使用央行调控商业银行，商业银行影响企业和居民的行为这一传导链来实现货币政策的传导，即当前信贷传导渠道是我国货币政策传导的主渠道。

深入学习了解货币政策传导过程中的各个环节可知，每个国家的货币政策传导过程都是在特定的市场环境下央行和传导过程中涉及的调控对象之间相互博弈的结果。当前中国正处于经济体制由计划经济向市场经济深入转变、经济结构不断优化调整这一变革的过程之中，国家内部面临体制和制度上的变化和经济结构的调整，国家外部全球经济一体化和金融创新不断发展，我国货币政策传导机制在此过程中也在不断地发生着改变，并且由于传导过程中涉及的因素越来越多，想要实现既定货币政策最终目标的困难也越来越大。因此，对处于经济体制转轨、经济结构转变调整的国家货币政策传导问题的研究，既要学习国外的相关理论和实证研究方法，也要联系我国货币政策的时代特殊性和我国当前的实际国情；既要遵循市场经济条件下货币政策传导的一般规律，又要顾忌转轨转型国家经济的特殊性，重点关注国家货币政策传导过程中经济体制变迁和经济结构转变对货币政策效应的影响，从而对我国货币政策效应进行具体的研究分析。

三 转轨时期我国货币政策的特殊环境

改革开放以来，尽管我国改革始终以市场化为前进方向，但不难发现我国的宏观调控尤其是货币政策与西方国家的货币政策调控有着明显的区别，这种区别无论从内容上还是形式上都有所表现。另外，我国的现实国情和西方国家也有着极大的不同，这种不同使我国的现实经济运行并不能完全以西方经济学的经典理论来作为理论指导。这种我国经济所特有的现实基础和宏观调控模式给理论研究带来了很大的困惑。国外现有文献对基于我国国情的宏观调控相关研究并不少见，例如，Bennett 和 Dixon（2001）实证检验了我国不同性质企业的货币政策效应差异，并认为国有企业的预算软约束可以解释实证结果的发生；而 Hsing 和 Hsieh（2004）则以财政政策为对比，运用 VAR 模型实证分析了我国货币政策对经济产出造成的影响。这些研究从不同角度取得了一定的研究成果，但不可否认的是，国外学者对我国货币政策宏观调控的研究大多关注货币政策工具的选择和货币政策效果，缺乏对经济的全面考察和整体把握，也难以解释我国货币政策调控的理论特色。国内关于货币政策调控也有不同的观点。有学者指出，我国货币政策和财政政策总体上巩固了经济体制改革的成果，为改革的顺利进行和深入推进奠定了基础。但吴超林（2001）、张曙光（2002）等学者认为，我国货币政策调控存在与预期脱节的问题；顾海波（2006）认为，我国 2003年以来的货币政策调控为"空调"。陈东琪、宋立（2008）、魏加宁（2008）、王健（2008）等均从不同角度对我国货币政策调控的不足进行了总结，但都未能上升到理论高度加以分析，尤其是对我国货币政策调控的特殊性认识还不够充分。

改革开放 30 多年来，中国经济取得了长足的发展，经济总量已跃居世界第二位，创造了世界范围内经济增长的奇迹。在此过程中，中国特色的宏观调控尤其是货币政策调控功不可没。当前我国正处于危机后结构调整和经济体制转轨的双重进程之中，但我国货币政策调控还存在对现阶段经济运行所具备的特殊环境认识不足的问题。要解决这一问题，需要结合我国国情和体制基础才能对转轨期我国货币政策调控的特殊环境有一个深刻而全面的认识。

第一，从转轨进程中体制变迁的轨迹来看。在我国刚开始实行经济体制转轨时期，由于当时计划经济和市场经济都在经济运行中发挥着各自相应的作用，因此那一阶段我国的经济体制基础可谓是"双轨制"，具体体现为计划经济向市场经济的过渡阶段：一方面，市场经济是改革前进的方向，因而在经济运行中被提倡鼓励，但事实上计划经济仍然主导着我国的经济运行；另一方面，尽管计划经济影响经济的力量逐渐减小，但市场经济体制尚未得到正式确立，市场经济在当时经济运行中还起不到主导性作用。因此，这一阶段经济运行的基本特征就是计划和市场两种体制的"双轨"运行。1997年，随着中共十五大的召开，我国市场经济体制基础基本确立。此时我国经济运行的基本特征是：一方面，经济运行表现出来的体制基础是市场经济体制，在经济运行及自我完善的过程中，以市场经济为导向和基础的政府与市场的关系也随之得以建立；另一方面，传统计划经济体制遗留下来的问题非常多，在经济运行的很多方面计划经济体制仍然占据一席之地，市场机制的运行经常会受到遗留下来的计划机制的干扰。在这样的一个多种力量并存并且相互交叉相互影响的过渡阶段，尽管我国经济运行已经被贴上"市场经济"这样一个体制标签，但事实上此时市场经济体制影响经济的力量还非常弱小，传统体制在经济的很多方面还依然发挥着作用。因此，受体制基础的影响，这一阶段货币政策并没有起到促进经济增长的政策效果。我国学者的相关研究多次证明，这一阶段我国经济体制上的不完善严重影响了货币政策的有效性和效率。中国社会科学院经济研究所宏观课题组（1999）的研究显示，因为任何一个政策操作都会产生正负两方面的效应，货币政策要想发挥其应有的有效性、实现既定的政策目标，需要相应体制基础做保障。在此过程中，经济体制的不完善会使货币政策操作产生的负向效应被放大，有时甚至会超过同一货币政策操作产生的正向效应。当前我国经济体制转轨的进程并没有完成，市场经济运行的体制基础具有许多不完善市场体制所独有的特殊性。这些特殊性会从各个方面影响货币政策的有效传导，最终造成货币政策有效性无法得到保障、货币政策效率大打折扣。吴超林（2001）通过研究发现，当前我国货币市场和资本市场仍属于管制市场，市场传导机制和条件并不具备，宏观调控政策缺乏现实政策目标的微观经济基础，因此宏观调控政策作为经济运行系统的一种外生制度安排，其效应势必难以发挥。针对我国经济现实情况，货币政策作为最主要的宏观调控政策之一，其效应是否能够得以发挥已经不是政策本身的问题，货币政策缺乏市场化的传导机制和微观经济才是货币政策有效性无法得到保障的深层次原因。

第二，从转轨进程中各阶段具备的特点来看。截至目前，我国经济体制转轨进程尚未结束。之前的过程大致可分为两个阶段：转轨前期阶段和转轨中期阶段。根据各阶段经济体制基础的不同，转轨前期阶段又可以进一步划分为：计划经济主导阶段和市场经济确立阶段。1978—1991 年为计划经济主导阶段，这一阶段中国经济处于卖方市场的短缺经济状态，这一阶段我国央行的机构和职能刚刚得以确立，货币政策的概念和做法才逐渐被了解和接受。这一阶段货币政策调控方式是以行政和计划手段为特点的直接调控。1992—1997 年为市场经济体制初步确立阶段，短缺经济逐渐结束，宏观调控由之前的计划和行政手段逐渐发展为市场、经济等间接手段为主、行政手段为辅。转轨中期以来，中国经济出现了很多前所未有的新问题：产能过剩、流动性过剩、有效需求不足、持续的贸易顺差和房价高涨等。我国经济面临的问题已不再像之前的短缺或经济过冷过热那样简单，再加上我国经济长期以来的"二元结构"和经济失衡问题，外部又面临国际经济一体化和国际经济环境日益复杂，这些问题相互交织、相互影响对我国货币政策调控和经济结构调整都带来了极大的困难。华民（2007）认为，改革开放以来我国经济实力已大大提升，但我国经济中依然存在大量的结构性问题，这些结构性问题导致当下中国宏观政策的传导渠道都是不完整的。这些现象表明尽管我国经济总量已经与西方成熟经济体相差无几，但我国当前仍是一个发展中国家，具有许多发展中国家具有的特殊性。这些特殊性决定了我国必须根据现实国情和体制基础探索出一套适合自己的宏观调控方式，盲目照搬西方经济学的理论和成熟经济体的做法只会导致宏观调控尤其是货币政策难以实现其调控目标，不利于经济有效运行。

第三，从转轨阶段政府的职能来看。黄伯平（2008）认为，与成熟经济体相比，我国政府的经济职能具有多样性和复杂性。具体来说：一是成熟经济体只有宏观经济政策，而我国政府的宏观经济工作包括宏观调控和宏观经济管理两部分；二是转轨时期的市场缺失造成了宏观调控手段的复杂性；三是处于转轨时期的经济体市场机制不完善和市场失灵现象的存在使宏观调控更为困难。因此，我国转轨时期政府宏观调控的职能不仅应包括西方经济体宏观调控所具备的普遍意义上的内容，还应包括与我国转轨时期经济特点相适应的特殊性内容。

通过对转轨时期我国货币政策操作面临的特殊环境进行分析可知，现阶段我国经济的体制基础、阶段性特点和政府职能共同决定了我国货币政策调控面临着和成熟经济体完全不同的经济背景，因此深入了解转轨期我国货币政策调控的特殊环境对认识我国货币政策效应的形成、提高货币政策操作的有效性和灵活性都具有重要意义。

四　转轨时期我国货币政策操作的复杂性

在过去的200多年里，伴随着经济全球化和全球经济调整，货币政策的实施环境发生了一系列的变化，政策操作难度明显加大。尤其是对于中央银行制度等配套制度建设不完善的国家，货币政策操作失误引起的后果越来越严重化。从总体上来说，货币政策实施环境的变化可以概括为两个方面：一是货币政策操作的约束条件逐渐宽松。货币政策操作约束条件的放松首先表现在国际货币制度的规则逐渐放松。从金本位到布雷顿森林体系再到牙买加体系，国际货币制度的约束条件越来越宽松。其次货币政策操作约束条件的放松还表现在央行的独立性逐渐增强。央行在诞生之初同其他政府机构一样，负责执行政府的指令。之后各国央行的独立性逐步增强，甚至具备了对货币政策的完全控制权，兼具了目标独立性和工具独立性。二是货币政策操作的环境由封闭经济转变为开放经济。总的来说，随着经济的发展，放松管制成为各国政府普遍的选择，无论是国际商品市场还是资本市场都表现出越来越明显的全球一体化趋势。世界各国的经济相互交错、相互影响，对货币政策操作产生了巨大影响。

货币政策实施环境的变化大大提高了货币政策操作的复杂性。当前我国经济正处于危机后结构调整和经济体制转轨的双重进程之中，经济体内部有效需求不足和产能过剩并存，经济体外部持续的贸易顺差和人民币升值压力，再加上房价高涨和流动性过剩，这些都对货币政策的有效性和灵活性提出了巨大挑战，极大地提高了货币政策操作的复杂性。具体表现为：

第一，货币政策目标之间的关系更为复杂。货币政策目标在金本位时期仅仅是单一的币值稳定，布雷顿森林体系下扩展为"经济增长、充分就业、物价稳定、国际收支平衡"，牙买加体系之后又将汇率稳定纳入货币政策目标体系。此次经济危机之后，许多国家又将经济结构调整纳入货币政策目标框架之中。伴随着货币政策目标体系中目标数量的增加，随之而来的是各目标之间关系的日益复杂。根据蒙代尔—弗莱明模型，国家要实现内部均衡和外部均衡的二者之一，央行需要做出一定的牺牲。一方面，随着各国经济开放程度的提高和各国经济周期不同步，二者之间的矛盾有愈演愈烈之势；另一方面，虚拟经济与实体经济的冲突日益加剧，直接导致实体经济的动荡加速放大。现实中虚拟经济的稳定和实体经济的稳定往往不具备同步性，大多数时候二者之间的状态是矛盾的。因此，随着货币政策目标数的增加和目标间的交织影响，极大地提高了货币政策操作的复杂性。

第二，货币政策工具的效力普遍下降。随着各国金融体系的不断完善和金融创新的不断发展，货币政策工具的数量同货币政策目标的数量一样都逐步增加。然而，随着货币政策工具的数量的增加，货币政策效力却普遍下降。货币政策工具作用于实体经济要么通过影响利率，要么通过影响货币供给量来达到政策目的。一方面，金融创新的不断发展使利率和货币供给量的可测性和可控性都大大降低。经济体关注的主要对象是实际利率，但实际利率很难测量；货币供应量由于货币定义的模糊化更加难以定量。另一方面，金融体系的完善和金融创新的发展使货币政策传导主体增多，也扩展了融资渠道，导致利率和货币供给量对实体经济的作用力越来越弱，央行对货币政策工具的控制力也逐渐微弱。

第三，货币政策参与者之间的博弈关系日益复杂。在金融市场结构相对单一时，货币市场参与者主要是央行、商行和非银行企业。货币当局只要控制住信贷规模，就可以通过商业银行约束企业的资金量继而达到宏观调控的目的。随着金融市场和金融创新的发展，金融交易的广度和深度都在不断地拓展。货币政策参与者的变化集中体现在以下两个方面：一方面，货币政策参与者呈现逐渐多元化的趋势。最初政府和央行在目标上具有同一性，央行的行为体现着政府意愿。随着央行独立性的不断增强，央行和政府的意愿不再像之前一样统一，二者之间的博弈关系影响着货币政策效力的发挥。与此同时，随着全球经济一体化进程的推进，外国政府和金融机构等都逐渐参与到货币政策中来，他们的行为都对货币政策操作产生着影响。另一方面，不同货币市场参与者的地位发生着相对变化。随着我国居民财富的不断增加，越来越多的居民参与到股票、外汇等投资行为中来。与此同时，居民消费信贷也得到了飞速发展。这样货币政策的变动可以直接影响到居民的行为，居民对货币政策效应的发挥也起着重要作用。

第三节　转轨时期我国货币政策差异效应的一般分析

　　我国转轨时期经济体制的变革从根本上改变了中国经济发展的原有路径和模式，使中国经济无论从内在制度还是外在表现上都呈现出一些新的特征。这些经济体制转轨过程中的过渡性特征，正是我国货币政策差异效应之所以会产生的原因。

　　从宏观层面来说，首先，我国央行并不具备完全独立性。尽管自中国人民银行独立行使国家中央银行的职能以来，我国人民银行一直试图通过各种方法减少外界对货币政策执行的干预。但不可否认的是我国央行的独立性一直不高，一直受国家刺激经济增长目标的影响。央行不具备完全独立性导致货币政策僵化，货币政策得不到应有效果。其次，我国货币供给具有内生性。我国长久以来鼓励出口政策的实施使我国经济长期呈现双顺差状态，国际市场对人民币升值的预期也导致国际热钱不断地涌入中国。这些原因交叉作用共同导致我国外汇占款不断扩大，货币供给具有很强的内生性，因此央行根本无法完全控制我国的货币供给，严重影响货币政策有效性。最后，我国货币政策承担了较多的结构调整职能。西方经济学经典理论认为，经济结构调整的目标一般是通过财政政策来实现的，西方国家成熟经济体大多也依理论行事。但我国实际情况是货币政策承担了很多经济结构调整的任务。金融机构改革前，我国货币政策主要通过再贷款政策对国家需要政策支持的地区和行业倾斜。改革后，转为由政策性银行发放再贷款来解决制度变革遗留问题。各种货币政策工具也都不同程度地体现着结构调整的目的。

　　从微观上来看，当前我国货币政策具有以下特点：一是尽管市场机制在货币政策传导过程中的作用不断加强，与此同时货币政策的间接传导机制也逐步得以建立，但市场机制在货币政策传导过程中仍不能占据绝对力量；二是由于市场机制不完善、市场约束和激励机制都不健全，微观金融主体对货币政策的反应不灵敏，因此还不存在稳定通畅的货币政策传导机制，货币政策预期目标的实现难以保证；三是我国目前货币市场和金融市场、金融资产与非金融资产之间的联系还不够紧密，利率还未实现完全市场化，因此我国货币政策的资产价格传导渠道并不畅通；四是由于市场机制不完善、金融体系尚未发育完全和存在各种形式的金融管制，当前信贷传导渠道在我国货币政策传导中占据核心地位，其他渠道难以发挥应有的作用地位。

正是由于转轨时期我国经济的体制基础以及货币政策操作的特殊环境等现实国情，共同决定了我国货币政策调控面临着和成熟经济体完全不同的经济背景，这种不同使我国的现实经济运行并不能完全以西方经济学的经典理论来作为理论指导。首先，西方经典理论的诞生是以西方经济体为现实基础，西方成熟经济体大多已经完成或者彻底就没有经历过经济体制由计划经济向市场经济的转型过程，而经济体制转轨中"双轨制"之间力量的此消彼长正是转轨时期货币政策差异效应产生的根源。其次，转轨中期以来我国经济出现了很多前所未有的新问题，例如产能过剩、流动性过剩以及有效需求不足等，这些经济运行中存在的结构性问题决定了尽管我国经济总量已经与西方成熟经济体相差无几，但我国当前仍是一个发展中国家，西方经济学理论和成熟经济体的做法并不完全适合我国的现实国情和体制基础。最后，当前货币政策操作环境日益复杂化是我国货币政策差异效应形成的加速器。从大的方面来说，货币政策体系中各目标之间关系日益复杂，虚拟经济对实体经济的冲击日益加剧；从小的方面来说，随着金融创新的发展，货币政策工具数量的增加造成了货币政策效力却普遍下降和货币政策参与者之间的博弈关系日益复杂。

正是由于我国经济处于体制变革、结构优化调整的这样一个转型时期，转型过程中经济运行表现出来的种种复杂性导致货币政策传导具备了一定的过渡性和时代性特征。这些因素相互交织、相互影响，共同导致了我国这样一个正处于经济体制转轨、经济结构优化调整的发展中国家货币政策差异效应的形成。

第四节　转轨时期我国货币政策差异效应的数理分析

一　研究思路的借鉴

一直以来，作为主流经济学的古典经济学把制度因素定义为外生变量。在解释经济增长时，仅仅将资本、劳动和技术进步作为影响经济增长的变量进行讨论，而很少考虑制度的安排和体制的变迁过程。但是，就像任何国家的发展过程都离不开其时代和政治背景一样，任何经济体的成长过程也都是在一定的体制环境和制度安排下发生的。正如哲学中所说，任何个体都不可能脱离其环境独立存在，世界上任何一个国家的经济增长过程也都不可能脱离社会国家体制以及制度的安排的大背景而独立存在。因此，经济增长过程不可避免地受到国家体制以及制度的安排的影响，并且这个影响贯穿经济增长过程的始终。随着经济学理论的不断丰富发展，开始有经济学家提出相比资本和劳动，制度安排才是决定经济增长的根本性因素。代表此类观点的制度经济学应运而生。随后，制度经济学的代表性人物诺思等用数理模型揭示了制度因素对经济增长的作用，他们给经济增长模型中引入了一个和资本、劳动力同样重要的因素即制度因素，由此来观察研究制度对经济增长的影响。

和任何一种将要引入模型的因素一样，必须有相应的指标来量化该因素对模型的作用。但是关于制度因素代理变量的选取，由于各经济学家对制度的理解不同，国内外经济学家各自有其立足点并且都不尽相同。由于制度属于意识形态方面的内容，而且制度变量是描述经济增长中体制环境、制度安排和在此过程中经济和制度体制变迁之间相互影响关系的一系列经济变量和政治变量的集合，因此制度这一因素具有抽象化、复杂化以及难以量化等特点。尽管不同经济学家在研究制度对经济的影响时所选取的角度不尽相同，但目前我国经济学家有一个基本的共识，即我国正处于经济体制改革的转轨阶段，体制改革尚未完成，政府调控在经济运行中的作用依然很大。第一，自新中国成立以来，制度和体制上的变迁主要是经济方面的制度体制变迁，基本不涉及政治；第二，我国经济体制的变革实质上是计划经济和市场经济之间力量较量、替代与被替代的过程，这个过程以我国经济实行改革开放为时间界限，在此之前我国经济运行的体制特征是计划经济占绝对主导地位，改革开放以后市场经济体制逐步确立发展，逐渐成为我国经济的主导力量，而且这种制度和体制上的变迁当前以及未来很长一段时间还将处于进行之中；第三，如同经济运行中任何一个经济变量的变化过程一样，从变量发生变化开始到变化完成之间是一个动态过程，变量变化完成之后经济体又会重新达到一种相对均衡状态，体制或者制度的变迁也是这样一个过程。由于西方经济体在政治上和经济上的体制和各项制度安排基本已处于稳定状态，这可能也是古典经济学派在考察经济活动时没有将制度因素考虑在内的原因。我国国情与西方较为成熟的经济体有很大差异。我国正处于经济体制转轨时期，经济体制改革尚未完成，体制机制上还有许多需要理顺的关系，经济结构也存在很多不合理的方面，非均衡发展为经济后续的发展留下了许多隐患。因此在经济转轨时期对经济运行进行研究时，引入体制和制度因素考察经济政策的影响，不仅提高了西方经济理论对我国经济现象的解释力，使西方经济理论和中国国情更加匹配，也是我国相关经济研究立足于转轨阶段的现实需要。

改革开放以来，我国货币政策作为最主要的宏观调控手段之一，一直扮演着服务于经济发展的角色。货币政策由于其政策地位和影响力，对经济的作用可谓是全方位的渗透，也必将在经济运行的各个环节得以体现。在我国经济体制的安排构架中，我国央行的组织结构决定了我国央行的独立性一直不高，各项政策的制定实施一直受到国家刺激经济增长目的的影响。因此在我国，货币政策本身也可以被视为一种制度安排。作为发展中国家，我国当前货币政策主要目的就是经济增长、物价稳定。因此，研究转轨时期制度和体制的安排及变迁对货币政策效用的影响，最终落脚点仍应通过制度和体制对经济增长的影响来体现。我国经济在多层面表现出的不平衡性正是转轨时期我国经济的重要特征之一，这些在区域、城乡、行业以及不同性质企业等方面的不均衡发展主要原因在于转轨过程中改革不到位所形成和积累的体制性矛盾。因此，研究转轨时期我国经济体制和制度对货币政策差异效应的影响，借鉴经济增长的研究思路，通过推导引入制度的经济增长模型来考察货币政策效应的形成具有一定的借鉴意义。

二　模型的拓展

首先回顾一下新古典经济增长理论和模型。索洛和斯旺最早提出新古典经济增长理论，该理论曾在 20 世纪 60 年代前后盛极一时，是最早较为系统地阐述经济增长的理论。戴维·罗默就曾高度评价过索洛—斯旺模型，他认为，索洛模型的建立为后来所有有关经济增长的相关研究奠定了研究基础和提供了研究出发点。该模型的建立是经济增长相关研究中一个里程碑式的事件，以至于当其他理论对经济增长提出与索洛模型完全不同的解释时，也需要和索洛模型进行比对、其理论观点才能更好地被理解。基本的新古典增长理论生产函数可以表达为：

$$Y(t) = F(K(t), L(t))$$

由古典经济增长理论可知，该模型讨论的是微观生产中各要素的相对变化如何影响经济运行中的总生产函数。模仿经济增长模型中其他变量，本节谈论的内容就是如何将制度变量像资本因素、劳动力因素等此类广泛意义上的变量一样，引入经济增长模型的生产函数中去，以及引入之后制度因素如何对经济增长产生影响。

　　新古典经济增长理论中对技术进步的处理方法是在经济增长模型中研究变量影响产出的代表性方法。如果借鉴此处理方法的思想，假设制度变迁是中性的，则中性制度变迁代表的含义是：制度或者体制的变迁对经济的影响是中性的。同样参考借鉴经济增长理论中对中性技术进步的定义，可知中性制度变迁的定义也依赖于资本边际产出和劳动边际产出的定义。如果用 $Y_k(t)$ 和 $Y_L(t)$ 分别表示制度变迁后的资本的边际产出和劳动的边际产出，则有：对于一个给定的 K/L 比率，其边际产品的比率 $Y_k(t)/Y_L(t)$ 保持不变，这类制度变迁则被定义为希克斯中性的；对于给定的 K/L 比率，其相对投入份额 $K \cdot Y_k(t)/L \cdot Y_L(t)$ 保持不变，这类制度变迁被定义为哈罗德中性的；对于给定的 K/L 比率，其相对投入份额 $L \cdot Y_L(t)/K \cdot Y_k(t)$ 保持不变，这类制度变迁被定义为索洛中性的。因此，引入希克斯中性制度变迁的生产函数可被写成：

$$Y = F(K, L, t) = P(t) \cdot F(K, L)$$

　　引入哈罗德中性制度变迁的生产函数可被写成：

$$Y = F(K, L, t) = F(K, L \cdot P(t))$$

　　引入索洛中性制度变迁的生产函数可被写成：

$$Y = F(K, L, t) = F(K \cdot P(t), L)$$

　　其中，$P(t)$ 表示一个制度状态或者政策状态，$\Delta P(t)$ 的正负则表示制度变迁的方向。与技术进步不同的是，$\Delta P(t)$ 可以有三个变化方向，即 $\Delta P(t) > 0$、$\Delta P(t) = 0$ 和 $\Delta P(t) < 0$。技术进步只有"前进"一个方向，而制度的变迁可以"倒退"。[①] 因此，$\Delta P(t) > 0$、$\Delta P(t) = 0$ 和 $\Delta P(t) < 0$ 分别代表的含义是：制度进步、制度变迁处于停止状态和制度倒退，即制度向落后的方向变迁；另外，$P(t)$ 表示一个制度状态已被指数化，则应该有有效边界的约束。模型规

---

　　① 例如我国 1958 年 9 月 3 日的《人民日报》社论"高举人民公社的红旗前进"中提出人民公社具有"一大二公"两个特点。在一个月内高级农业生产合作社被重新改组为人民公社。这种做法直接导致了严重的平均主义，对农业生产力造成了极大的破坏，是经济制度倒退的一大典型。

定 $0 < P(t) < 100\%$，说明模型是对处于完全计划经济和完全市场经济的区间内的制度变迁进行谈论，超出此变化范围该变量将不再具有意义。相对比经济增长模型中的技术进步变量，技术进步变量并没有有效边界的约束，说明随着社会经济的发展技术可以一直进步下去。

当 $\Delta P(t) > 0$ 时，哈罗德中性制度变迁则可被视为劳动力促进型制度变迁，因为此时制度变迁和劳动力存量的增加对经济增长所起的作用近似；类似地，当 $\Delta P(t) > 0$ 时，索洛中性制度变迁可被视为资本促进型制度变迁，因为此时制度变迁和资本存量的增加所起的作用一样促进了产出的提高。

有关模型的几个解释。首先，在现实经济中制度和体制的变迁往往被认为是"突变式"的，但模型中暗含着制度变迁变量是连续的假设。其实这二者并不矛盾。对于转轨国家来说，制度和体制的变迁最显著的特点就是"整体制度的渐进式变迁和正式制度的突变式变迁相融合"。转轨国家制度的变迁往往受到突发事件的影响，例如，波兰团结公会上台执政、东德柏林墙的推倒、苏联解体或者我国改革开放战略的实施。这些转轨国家的制度变迁都表现出"突变式"，尤其是正式制度都是在短期内发生了跨越式改变。思诺曾指出：在初始条件基础上，战争、革命以及自然灾害等都可以是非连续的制度变迁的根源。尽管正式制度的改变都表现出"突变式"或者"激进式"，但事实上并不存在真正意义上的"突变式"制度变迁，因为制度和体制属于意识形态范畴而意识形态的改变不可能是一蹴而就的。尽管正式制度的建立都表现出在短时期内完成，但在此之前非正式制度的准备都需要很长时间才能形成。从这个意义上来说，制度和体制的变迁总体上都是渐进式的或者是连续的。所谓激进式改革和渐进式改革都只是局部制度变迁的表现方式，尤其针对经济制度变迁而言更是如此。

其次，由上一节的数理分析可知，将制度和体制因素引入新古典经济模型是以发展中国家的现实情况为案例对新古典经济模型的一个重要补充。因为新古典经济模型是在西方成熟经济体的运行基础上建立产生的，西方成熟经济体已经完成了发展中国家的种种制度和体制的变迁过程，因此没有将制度和体制的变迁对经济增长的作用考虑进模型。从另一个侧面也说明，制度和体制因素将对经济增长所起的作用和资本、劳动力一样重要，尤其是对我国这样一个制度体制正处于转轨时期的转型经济体而言。我国改革开放30多年来的实践经验也告诉我们，什么时候制度和体制进步了、经济运行和政策的关系理顺了，经济就高速增长了；什么时候制度和体制倒退了、政策的制定实施以政府意愿为目标而偏离经济均衡，经济就会陷入低迷状态甚至出现经济衰退。一个比较有力的例证是中国农村经济体制的改革对农村发展的影响。1981—1984年是家庭承包责任制在我国推行的几年，几年间我国农业的增加值增长了45.9%，五年内平均每年农业增加值增速高达9.9%，1984年之后我国农业增加值又回到了正常水平，这就是制度和政策冲击对经济的促进作用。另一个有力的例证是中国改革开放的总设计师邓小平制定实施的非均衡发展战略："改革首先要打破平均主义、打破大锅饭。""我们实施这个政策就是要让一部分人和地区先富起来，然后带动和帮助落后的地区致富，实现共同富裕。"从改革开放30多年来我国取得的经济成就可以看出，制度和政策因素影响经济增长是必然的。

第五节　本章小结

　　本章首先对货币政策传导机制进行了梳理；其次在回顾我国货币政策执行历史的基础上，对当下我国货币政策的特点进行了总结，尤其是对转轨时期我国政策面临的特殊经济环境和制度环境进行了深入的剖析，并对我国当前货币政策操作的复杂性进行了全面的分析；最后，由于我国当前货币政策的主要目标仍侧重于"经济增长",借鉴新古典经济增长理论的研究思路,将制度因素引入经济增长模型,构建了一个包括制度和政策因素在内的转轨期经济增长数理模型,用于说明在转轨阶段这个转型特殊时期,制度和政策安排如何影响货币政策效应。本章在理论上基本阐明了制度和体制因素在宏观调控尤其是货币政策调控中的重要性,后面将就货币政策在经济增长中的差异效应进行实证,并从制度和体制上分析货币政策差异效应的形成原因。

第四章　转轨时期我国货币政策区域效应分析

第一节　区域经济不平衡现状和
货币政策之间的冲突

一　我国区域经济发展不平衡现状描述

改革开放 30 多年来，我国经济取得了长足的发展，经济总量已跃居世界第二，创造了举世瞩目的增长奇迹。尽管我国社会经济总量实现了巨大跨越，社会生活发生了翻天覆地的变化，与此同时，由于我国地域广阔，各地区自然条件和经济基础都不相同，另外，我国民族众多，人口基数大，各民族各地区历史文化均存在差异，这些都影响着我国区域经济的发展状况。

1. 经济发展不平衡

从基础上看，早在新中国成立之初，我国内地与沿海地区的经济基础就有很大的不同，特别是工业发展的差距。1949 年，占全国面积不到 12% 的东部地区工业总产值占全国的 77% 以上，而占全国面积 45% 的西北和内蒙古地区，工业总产值仅占全国的 6%。从发展上看，改革开放后我国提出了非均衡发展战略，明确提出了优先发展东部沿海地区，并且在税收、金融等政策上予以倾斜，希望通过沿海地区的发展带动内地发展。该战略的实施一方面使改革平稳有序地、分阶段地推进，充分发挥了沿海地区的带动作用，大力推进了我国经济的增长；另一方面，非均衡发展战略也造成改革推进过程中出现的区域经济不平衡问题，并且区域经济差异有扩大的趋势，形成负面效应。

从国民经济总量来看（见图4－1），我国东部、中部、西部、东北四大区域的经济总量呈现逐年上升趋势，但是区域之间的经济差异较大并且有逐渐扩大之势。其中，东部地区始终与东西部地区存在较大差异，尤其是东部地区和西部地区。1985—2013 年，东部地区国内生产总值平均值为 8339.68 亿元，而西部地区国内生产总值平均值仅为 2418.08 亿元，相差两倍多。中部和东北地区经济水平差距相对不大，发展趋势也近似，但是中部和东北地区与西部地区还是存在一定的差距。1985—2013 年，中部地区国内生产总值平均值为 5071.4 亿元，是西部地区国内生产总值平均值的两倍多。从图4－1 可以分析看出，就中国区域经济发展水平而言，东部地区经济发展水平最高，中部地区与东北地区处于中间水平，西部地区经济发展相对滞后，各地区经济发展水平之间存在很大差距，尤其是东部地区和西部地区之间。

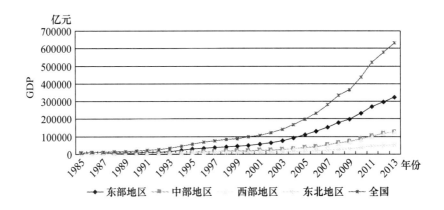

图4－1 东、中、西部和东北地区国内生产总值

资料来源：2004 年以前数据为《新中国 55 年统计资料汇编》，2004 年之后数据为《中国统计年鉴》。

图4－2 为各区域生产总值占全国比重。从图4－2 可以看出，

1985—2013 年，东部地区生产总值占全国比重一直处于上升的趋势，从 1985 年的 42.07% 上升到了 2013 年的 49.32%，其中 2006 年该比例高达 52.17%。东北地区生产总值占全国比重一直处于下降的趋势，从 1985 年的 12.47% 下降到 2013 年的 8.64%。1985—2013 年这 20 多年间，按当年价格计算的中部地区和西部地区生产总值占全国比重都呈现下降趋势，二者程度不同且下降幅度都不大，此间仅个别年份有小幅度波动。从各区域生产总值占全国比重的趋势可以看出，东部地区经济发展的相对速度高于全国平均水平，而东北地区的发展速度则落在了其他地区之后。

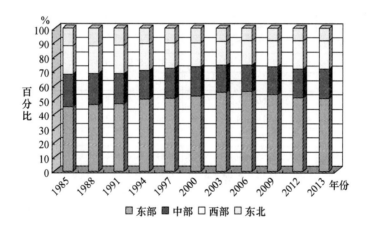

图 4－2　东、中、西部和东北地区国内生产总值占全国比重（1985—2013）

注：样本期间为 1985—2013 年，每 3 年取一个样本点。

资料来源：《中国统计年鉴》。

2. 市场化程度的不平衡

在我国经济体制转轨的进程中，市场化程度一直被当作计划经济向市场经济转变过程中一个重要衡量指标被相关研究广泛使用。

表4-1 中国市场化指数——各地区市场化相对进程（1999—2009）

年份\省份	1999	2000	2001	2002	2003	2004	2005	2006	2007	2008	2009
北京	4.71	5.36	6.59	6.73	7.03	7.86	8.41	9.18	9.76	9.19	9.43
天津	4.66	4.81	4.93	5.29	5.59	6.05	6.61	6.93	7.11	7.16	7.27
河北	3.32	3.39	3.4	3.93	4.63	5.13	5.28	5.84	6.23	6.18	6.11
山西	3.32	3.39	3.4	3.93	4.63	5.13	5.28	5.84	6.23	6.18	6.11
内蒙古	3.41	3.59	3.53	4	4.39	5.12	5.74	6.28	6.4	6.15	6.27
辽宁	4.47	4.76	5.47	6.06	6.61	7.36	7.92	8.18	8.66	8.31	8.76
吉林	3.97	3.96	4	4.58	4.69	5.49	6.06	6.44	6.93	6.99	7.09
黑龙江	3.57	3.7	3.73	4.09	4.45	5.05	5.69	5.93	6.27	6.07	6.11
上海	4.7	5.75	7.62	8.34	9.35	9.81	10.25	10.79	11.71	10.4	10.96
江苏	5.73	6.08	6.83	7.4	7.97	8.63	9.35	9.8	10.55	10.6	11.54
浙江	5.87	6.57	7.64	8.37	9.1	9.77	10.22	10.8	11.39	11.2	11.8
安徽	4.67	4.7	4.75	4.95	5.37	5.99	6.84	7.29	7.73	7.64	7.88
福建	5.79	6.53	7.39	7.63	7.97	8.33	8.94	9.17	9.45	8.78	9.02
江西	3.9	4.04	4	4.63	5.06	5.76	6.45	6.77	7.29	7.48	7.65
山东	5.15	5.3	5.66	6.23	6.81	7.52	8.44	8.42	8.81	8.77	8.93
河南	4.05	4.24	4.14	4.3	4.89	5.64	6.73	7.07	7.42	7.78	8.04
湖北	4.01	3.99	4.25	4.65	5.47	6.11	6.86	7.12	7.4	7.33	7.65
湖南	3.98	3.89	3.94	4.41	5.03	6.11	6.75	6.98	7.19	7.18	7.39
广东	5.96	7.23	8.18	8.63	8.99	9.36	10.18	10.55	11.4	10.3	10.42
广西	4.39	4.29	3.93	4.75	5	5.42	6.04	6.12	6.37	6.2	6.17
海南	4.7	4.75	5.66	5.09	5.03	5.41	5.63	6.35	6.88	6.44	6.4
重庆	4.57	4.59	5.2	5.71	6.47	7.2	7.35	8.09	8.1	7.87	8.14
四川	4.07	4.41	5	5.35	5.85	6.38	7.04	7.26	7.66	7.23	7.56
贵州	3.29	3.31	2.95	3.04	3.67	4.17	4.8	5.22	5.57	5.56	5.56
云南	3.41	4.08	3.82	3.8	4.23	4.81	5.27	5.72	6.15	6.04	6.06
西藏	NA	0	0.33	0.63	0.79	1.55	2.64	2.89	4.25	1.36	0.38
陕西	2.94	3.41	3.37	3.9	4.11	4.46	4.81	5.11	5.36	5.66	5.65
甘肃	3.61	3.31	3.04	3.05	3.32	3.95	4.62	4.95	5.31	4.88	4.98
青海	2.15	2.49	2.37	2.45	2.6	3.1	3.86	4.24	4.64	3.45	3.25
宁夏	2.86	2.82	2.7	3.24	4.24	4.56	5.01	5.24	5.85	5.78	5.94
新疆	1.72	2.67	3.18	3.41	4.26	4.76	5.23	5.19	5.36	5.23	5.12
全国平均	4.12	4.28	4.64	5.02	5.5	6.1	6.69	7.06	7.5	7.18	7.34

资料来源：《中国市场化指数——各地区市场化相对进程2009年报告》，经济科学出版社2010年版。

樊纲等（2003）研究认为，市场化的过程是计划经济向市场经济变迁的体制改革，是经济、政治、法律等经济社会上层建筑的一系列大规模制度变迁，绝不能简单教条地理解为几条制度或是几项规定的改变。市场化程度指标作为衡量市场化过程推进程度的测量指标，也绝不是数学意义上的绝对程度，这个指标存在的意义仅仅是为了反映随着时间的推移，各省区在市场化进程中的相对排序变化，即为了便于统一范畴之间的横向比较以及进行评价。但是，在货币政策的传导过程中，市场化程度真实地影响着货币政策的传导及其效应的发挥。在市场化较高的地区，货币政策传导效率也较高；在市场化低的地区，货币政策传导效率较低。

从市场化程度来看，尽管各区域发展变化有快有慢，但可以发现，各个地区中包括的省、市、自治区的市场化指数都在提高。这表明随着时间的推移，东、中、西部以及东北地区大多数省、市、区市场化程度都取得了一定的提高。但是从表4－1也可以看出，东、中、西部和东北地区在市场化进程方面有明显差距。以1999年作为观测起点，当年我国市场化综合指数东、中、西、东北四大区域的平均得分分别为5.12分、3.99分、3.31分和4.0分，其中以东部最高，中部和东北地区其次，西部最低。东西部差距为1.81。2009年东、中、西部和东北四个地区综合指数平均得分分别是9.56分、7.45分、5.42分和7.32分。由于市场化进程指数是衡量区域间市场化过程中体制改革推进程度的测量指标，对于我国这样一个转轨经济体而言，区域间经济差异在很大程度上恰恰是由体制改革程度方面的差异造成的，因此从地区间市场化程度即可看出地区间经济发展之间的差异。从表4－1可以看出，2009年我国四大区域市场化程度同比10年前都有很大程度的提高，但横向对比10年间四大区域市场化程度的变化幅度可知，中部地区的改善幅度最小；中、西部地区和东北地区的市场化程度明显低于东部地区和全国平均水平。

3. 固定资产投资比例的不平衡

固定资产投资可以用来反映包括政府投资政策、产业政策等的
影响等，因此从固定资产投资可以看出国家在区域之间政策的
倾斜。

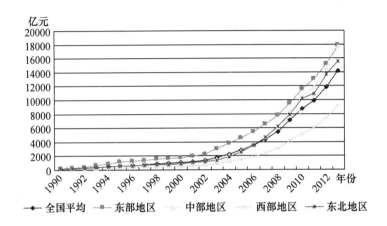

图 4 - 3　各地区固定资产投资情况

资料来源：根据《新中国 60 年统计资料汇编》和《中国统计年鉴》（2013）相关数
据计算。

从图 4 - 3 可以看出，东部地区的全社会固定资产投资一直高于
中、西部地区和全国平均水平，这与东部地区自身经济基础较好和
改革开放后我国实行的区域非均衡发展战略都有关系。在我国改革
开放之初，非均衡发展战略极大地促进了我国经济的发展，打破平
均主义和"大锅饭"使我国公众从观念上发生了彻底改变，在很大
程度上改变了我国的经济效率。但随着经济的高速发展，非均衡发
展战略的负面效应开始显现，例如区域经济差距逐步加大，社会矛
盾日益突出等问题。国家对非均衡发展战略引发的社会经济不平衡
现象高度重视，并提出了一系列措施平衡地区间的发展。例如 1999
年国家提出的西部大开发战略和 2003 年国家提出的振兴东北老工业
基地战略等。但现实经济的发展并不尽如人意，尽管国家不断地在
政策上予以倾斜，希望用政策手段促进我国区域协调发展，但从图

4-3 中不难看出，我国西部地区固定资产投资与东部地区之间的差距仍然呈现逐年加大的趋势。

由以上多方面分析可以看出，当前我国区域发展的不平衡性十分突出。区域之间在经济、社会、发展之间的差距普遍存在，不仅如此，在很多方面这种不平衡性仍呈现逐年扩大之势。

二　与货币政策之间的矛盾

货币政策作为最主要的宏观经济政策，一贯以来都是着眼于国民经济整体的统一调控，服务于宏观经济运行的基本目标，是调控总量指标为主的总量型政策。货币政策发挥预期效用的前提假设是实施该统一货币政策的范围内（例如某个国家）经济体具有同质性。但如前文所述，经济体制转型时期，我国区域之间经济社会发展的不平衡性十分突出，区域之间的经济发展差异在多个层面表现明显。当货币政策发挥预期效用的前提假设得不到满足时，货币政策调控效果当然会打折扣，必然会出现货币政策效应差异化问题。可见，在严重的区域经济不平衡情况下，我国统一的货币政策和现实区域经济差异之间的矛盾是真实存在的。

我国政府一直致力于缓解区域发展不平衡和统一货币政策之间的冲突。例如国家在《关于西部大开发若干政策措施的实施意见》中就曾明确指出要加大信贷投入来支持西部地区的基础设施建设。除此之外，我国货币当局也试图使用再贷款、窗口指导、专项贷款和利率优惠等金融工具和政策对特定区域和方向进行倾斜。例如在运用存款准备金率调节区域经济差异方面，考虑到我国不同地区金融机构改革进程的差异，尚未进行股份制改革的国有独资商业银行等机构暂缓执行差别存款准备金率制度，此举为落后地区金融机构发展和促进区域经济协调发展提供了一定的政策空间。在再贷款工具的运用方面，央行一直保留着针对"老少边穷"地区发放的再贷款，以确保金融对经济的支持作用向落后地区倾斜。另外，国家还针对西部地区的落后现状及地区经济特点相继制定出台了多项指导意见，例如《关于金融支持西部大开发、促进西北地区经济持续快速发展的指导意见》等，意在针对西部地区大力提高信贷投放和加强金融资源对经济落后地区的拉动作用。除此之外，央行还根据西部地区的经济发展需要，出台《关于金融支持西南民族地区实施西部大开发加快经济发展的指导意见》等政策文件，明确要求各金融机构以"有保有控、区别对待"为原则加大对革命老区、少数民族地区、边疆地区、经济贫困地区等欠发达地区的信贷投放，以确保对经济落后地区的金融支持。

尽管央行在实施统一货币政策时，不断地搭配再贷款、窗口指导等选择性货币政策工具希望对区域经济差异和地区间的不平衡现象进行调节，但是"窗口指导"等金融工具毕竟只是总量型货币政策工具的补充，在我国维护金融稳定的方针下这些金融工具并没有被频繁使用，因此它们的作用范围和力度有限，难以应对我国当前区域经济在多个层面的不平衡现象。另外，在我国经济从计划经济向市场经济的转型过程中，央行通过指导性计划调控信贷的间接调控力度已不可同直接调控时期相提并论，单单依靠使用选择性金融工具解决统一货币政策实施过程中的区域差异效应问题是不可行的。在当前经济体制转型、经济结构调整升级的阶段，以总量调控为主的统一货币政策与我国区域经济发展不平衡之间的矛盾仍然十分突出，亟待解决。

第二节　我国货币政策区域效应的实证检验

所谓货币政策区域效应是指在一个区域内部（某个国家或某个货币区）实施统一的货币政策，但经过传导统一货币政策的效应最终表现出一定程度的差异性这种现象。国内外学者对于货币政策区域效应的含义，从不同的角度出发有不同的理解，但大致可分为两个层面：一是统一货币政策对区域金融指标如区域货币供应量等的影响；二是统一货币政策对区域非金融指标的影响，如区域居民收入等，但是对区域非金融指标的影响则通过金融指标间接产生。

关于我国区域的划分，各个研究从不同的角度有不同的观点。1978 年中国实行改革开放以来，按非均衡经济发展战略要求把中国分为沿海和内陆经济区。为了适应经济发展需要，1986 年"七五计划"正式将我国划分为东、中、西部三个区域。21 世纪以后，东北地区经济发展明显呈现滞后状态。2005 年，国务院发展研究中心就曾在报告中指出，我国传统做法上将整个中国划分为东、中、西三大地带的区域划分方式已经不能精确刻画中国的区域经济特征。由于东北地区的经济发展特征明显不同于其他三个区域，因此应该把东北地区独立划分出来进行观察研究。现有相关研究中以三大经济区域为研究对象的文献并不鲜见，也不乏按照四大经济区进行划分的做法。由于中国人民银行在《中国区域金融运行报告》中，从2004 年开始也采用了四大经济区域的划分方法，因此本书也依照此做法将我国区域划分为四大板块，具体划分结果如表 4 - 2 所示。

表 4 - 2　　　　　　　　我国四大经济区域的划分

地区	包括省份
东部	北京、天津、河北、上海、江苏、浙江、福建、山东、广东、海南
中部	山西、安徽、江西、河南、湖北、湖南
西部	内蒙古、重庆、四川、贵州、云南、广西、西藏、陕西、甘肃、青海、宁夏、新疆
东北地区	黑龙江、吉林、辽宁

资料来源：《中国区域金融运行报告》。

我国幅员辽阔、人口众多，区域经济发展出现不均衡现象是我国这样一个面积广阔的国家在发展中难以避免的问题。但是当前我国区域经济差异不仅造成了较强的贫富差距现象、社会矛盾日益突出，而且弱化了货币政策的效果、影响货币政策最终目标的实现，更甚者是该差异还呈现出逐渐扩大之势，对我国优化经济结构、实现经济转型造成了不利影响，已成为我国经济进一步平稳发展的重要"瓶颈"，因此从有利于我国经济进一步发展的现实意义层面来说，关于货币政策区域效应的研究极具重要性和存在性。

近年来，我国国内关于货币政策的区域效应的相关研究并不少见。但是回顾国内现有研究可以发现，由于数据选取的不同，现有研究存在不少分歧，得出的结论也不尽相同，很难为我国货币政策制定者提供有效的依据。我国货币政策作为宏观政策调控中最核心、最有效的组成部分，其制定实施过程必须尽可能地全面考虑。因此基于我国区域经济在社会发展多个层面存在差异的问题，货币当局在制定实施统一的货币政策时必须考虑货币政策是否存在区域效应差异以及区域效应差异的具体表现。

本章第一节中，通过统计描述已经对我国区域经济差异和不平衡发展现状进行了间接论证，下面将通过计量模型，运用我国扩张型和紧缩型货币政策的时间序列，并应用向量自回归（VAR）模型，通过脉冲响应函数、方差分解对我国扩张型和紧缩型货币政策下区域差异效应进行了实证检验，并对货币政策区域效应的成因进行了具体分析。

一　模型的选择

对现有货币政策差异效应的相关文献进行梳理可知，关于货币政策区域效应的研究方法大致可分为三种：宏观经济计量模型、微观经济计量模型和时间序列模型。宏观经济计量模型的缺点是不存在反馈机制，即变量之间产生的影响是单向的。但是现实经济活动中经常出现变量之间的作用与反作用关系，结果就会出现模型的内生性问题，影响模型估计的结果，因此传统的计量经济方法不适于研究货币政策。微观经济计量模型的缺点是只能从一个原因或渠道研究货币政策效应差异化的原因，研究结果不够全面因而不能全面认识货币政策差异效应产生的原因。以向量自回归（VAR）模型为代表的时间序列模型最早是由 Sims 在 1980 年提出的。该模型也存在一些不足之处，例如 VAR 模型涵盖的信息量少于央行实际涉及的变量、VAR 模型对于变量间的关系采取简化的处理方式，另外模型的建立也不以严格的经济理论为依据。尽管随着计量技术的发展，又提出了因子增强型向量自回归（FAVAR）模型，但由于涉及数据庞大而数据的可得性无法保证，因此因子增强型向量自回归（FA-VAR）模型目前在货币政策方面的研究还不普及。另外，时间序列向量自回归模型的优点也很突出。首先不需要对模型中货币政策变量是内生变量还是外生变量做出假定；其次通过脉冲响应函数还可以看出在不同时期货币政策冲击对经济变量的影响差异，因此当前理论界对货币政策效应问题的研究大多数还是以向量自回归（VAR）模型为研究方法，基于此，本书在实证检验货币政策区域差异效应时也采用该方法。下面我们将简单介绍 VAR 模型蕴含的计量思想以及实证检验中基于 VAR 模型的研究方法。

向量自回归（VAR）是计量经济学中一种基于数据的、具有统计性质的模型。VAR 模型有一个基本的思想方法是将系统中每一个内生变量看作该系统中所有内生变量的滞后值的函数，这样一来，就成功地引入了时间因素将单变量自回归模型推广到由多元时间序列变量组成的"向量"自回归模型。一般形式下，VAR 模型的数学表达式可表示为：

$$y_1 = A_1 y_{t-1} + \cdots + A_p y_{t-p} + B x_1 + \varepsilon_t \quad t = 1,\ 2,\ \cdots,\ T$$

其中，k 维向量 y 是内生变量，d 维向量 x 是外生变量，p 是滞后阶数，T 是样本个数。A_1，$\cdots$，A_p 是 $k \times k$ 维矩阵，矩阵 B 是 $k \times d$ 维矩阵。A 和 B 是需要进行估计的系数矩阵，ε 是 k 维随机扰动向量。同期之间的 A、B、ε 具有相关性，但各向量均不与自身的滞后项相关。如果假定 ε 是 ε_t 的协方差矩阵，同 A、B 相同也是一个 $k \times k$ 维正定矩阵，则上式可转化为用矩阵形式表示：

$$\begin{bmatrix} y_{1t} \\ y_{2t} \\ \vdots \\ y_{kt} \end{bmatrix} = A_1 \begin{bmatrix} y_{1t-1} \\ y_{2t-1} \\ \vdots \\ y_{kt-1} \end{bmatrix} + A_2 \begin{bmatrix} y_{1t-2} \\ y_{2t-2} \\ \vdots \\ y_{kt-2} \end{bmatrix} + \cdots + B \begin{bmatrix} x_{1t} \\ x_{2t} \\ \vdots \\ x_{dt} \end{bmatrix} + \begin{bmatrix} \varepsilon_{1t} \\ \varepsilon_{2t} \\ \vdots \\ \varepsilon_{kt} \end{bmatrix} \quad t = 1,\ 2,\ \cdots,\ T$$

通常非限制性向量自回归模型（Unrestricted VAR）中包含 N 个时间序列变量，则 VAR 模型由 N 个方程组成。本模型中 A、B、ε

均为 k 维向量，因此包含 k 个方程。冲击向量 ε_t 是白噪声向量，因为 ε_t 不包含结构意义，因此该向量被称为简化形式的冲击向量。

VAR 模型在建立过程中暗含了一个假设，即货币政策效应是对称的。但早在 1968 年弗里德曼就曾用一根绳子来比喻货币政策，弗里德曼认为通过拉紧货币政策这根绳子可以抑制通货膨胀，但是通过松开这根绳子却无法实现推动经济的目标。这句话已经表达出紧缩型和扩张型货币政策对经济产生的作用并不是大小相等、方向相反这么简单。在我国关于货币政策效应的研究文献中，究竟是紧缩型货币政策效用大还是扩张型货币政策效用大这一问题至今仍存在很大争议，但是紧缩型和扩张型货币政策对实体经济产生的作用并不对称这一观点得到了一致认可。尽管已经认识到了货币政策效应的非对称性，但是我国目前关于货币政策区域效应和产业效应等方面的文献大部分仍没有将紧缩型和扩张型货币政策加以区分。基于此，本书在对货币政策在经济结构各个层面表现出的差异化效应进行实证时，首先运用 Cover（1992）提出的两步估计法，结合我国转轨期现实国情和经济运行特点引入相关变量，对货币供给方程进行估计进而得到扩张型货币政策和紧缩型货币政策各自序列，之后再运用协整检验和脉冲响应函数来分别观察扩张型和紧缩型货币政策在经济结构不同层面产生的效应。

二　变量的选取

在实证检验货币政策的差异化效应之前，首先，需要说明的是如何选取代表货币政策变量的指标问题。由于我国目前利率尚未完全市场化，而央行于 1998 年 1 月 1 日起取消了信贷规模控制转为以货币供应量为中介目标，因此本书选取货币供应量作为货币政策的变动的代理指标。其次，在我国货币层次的划分中，M2 增长率变动相对于 M0 和 M1 增长率变动更为稳定；从与我国 GDP 增长率和 CPI 变动率的关联来看，M2 与 GDP 增长率和 CPI 变动率的关联度更高，波动趋势更具联动性。这与我国当前货币政策最终目标"经济增长、币值稳定"具有高度一致性。因此本书选取 M2 层次的货币供给量作为货币政策变量指标，同时也以 M2 层次的货币供给量增长率来区分扩张型和紧缩型货币政策。

1. 货币供给方程的估计

为了分别检验扩张型货币政策和紧缩型货币政策在经济运行中产生的效应，首先需要对扩张型货币政策和紧缩型货币政策的时间序列进行估计。Cover 于 1992 年提出的两步估计法是以往此类研究所经常使用的方法。第一步是设定一个货币供给方程并进行估计，方程的残差项即作为货币冲击的代理变量，对正向冲击和负向冲击进行分离后便得到扩张型和紧缩型货币冲击的序列。第二步估计产出方程，来观察货币政策是否存在正向冲击和负向冲击之间的非对称效应。本书借鉴该方法，估计以广义货币供应量 M2 的增长率代表我国货币政策变动。

$$GM_t = \sum_{i=1}^{p} \alpha_i GM_{t-i} + \sum_{n=1}^{k} \beta_n^{GY} GY_{t-n} + \sum_{n=1}^{k} \beta_n^{CPI} CPI_{t-n} + \sum_{n=1}^{k} \beta_n^{GEX} GEX_{t-n} + \varepsilon_t + C$$

其中，GM 是货币供应量 M2 的实际增长率，GY 是我国 GDP 实际增长率，CPI 的变动来表示通货膨胀水平，GEX 是全国出口实际增长率，由全国出口美元值按汇率折算成人民币计算，C 是常数项，ε 是残差项。p 和 k 分别为各自的滞后阶数。式中 M2、GDP、GEX 均经 CPI（1978 年为 100）[①] 调整后取自然对数并差分，得到一阶单整平稳序列。

方程中 M2 的增长率为被解释变量，解释变量的选择基于以下考虑：（1）货币政策的制定具有相对稳定性和连贯性，货币供给一般具有政策连贯性；（2）长期以来，我国货币政策的最终目标为"经济增长、币值稳定"，因此货币供给量不可避免地受到产出和物价的影响；（3）随着我国对外贸易的不断增长，外汇占款已经成为我国货币投放的最重要渠道之一。因此，货币供给方程的构建引入

---

① 以 1978 年居民消费价格指数为 100 为基期，之后各年 CPI 根据同比指数计算方法得到。

M2 增长率、GDP 实际增长率、通货膨胀水平和出口增长率滞后项进行回归。另外方程中，M2 的增长率为被解释变量，对解释变量进行回归可以得到 M2 增长率的估计值和残差项。其中，估计值代表 M2 在现行的宏观经济条件下的正常增长率，是对当前宏观经济运行情况的反应；残差项则代表方程中解释变量以外的其他所有因素造成的 M2 增长波动，即代表货币政策的变动。在数据选取方面，本章选取 1978—2013 年的年度数据，实证研究相关数据来源于《新中国 55 年统计资料汇编》、2005—2014 年《中国统计年鉴》和中国人民银行网站。[①]

由计量经济学研究方法可知，实证检测是否有效取决于模型中时间序列数据的平稳性，因此在进行模型检验之前首先需要进行数据的平稳性检验。检验时间序列平稳性的方法很多，本章选用较为普遍的 ADF 检验方法，相关检验结果见表 4 - 3。由检验结果可知，在 1% 显著性水平下货币供给方程中所有变量均呈现平稳序列。

表 4 - 3　　　　　　　　　　单位根检验结果

变量	检验形式（C，T，L）	ADF 检验值	单位根检验结果
CPI	（c，0，0）	- 5.557780***	平稳
Dlog（GDP）	（c，0，1）	- 4.041133***	平稳
Dlog（M2）	（c，0，3）	- 4.553085***	平稳
Dlog（EX）	（0，0，0）	- 3.395047***	平稳

注：（1）检验形式（C，T，L）中的 C，T，L 分别代表 ADF 检验模型中的常数项、时间趋势项和滞后阶数；（2）***代表在 1% 的显著水平下拒绝原假设。

接下来用普通最小二乘法（OLS）对货币供给方程进行估计。依据滞后阶数判定准则进行考察，综合考虑拟合优度、参数显著性以及 F 统计量等因素，最终取滞后阶数 $p = k = 2$，回归结果如表 4 - 4 所示。

---

① http：//www.pbc.gov.cn/.

表 4 - 4   货币供给方程回归结果

变量	相关系数	标准差	T 值
C	0.3156046	0.0587454	0.0587451
$DLOGM2$ （ -1 ）	- 0.055273 *	0.2208385	- 0.250290
$DLOGM2$ （ -2 ）	0.1683017	0.2981783	0.5644329
$DLOGM2$ （ -3 ）	- 0.378418	0.2222195	- 1.702903
$DLOGCPI$ （ -1 ）	- 0.484004 **	0.3635524	- 1.331320
$DLOGCPI$ （ -2 ）	1.415821	0.5728996	2.4713244
$DLOGCPI$ （ -3 ）	- 0.881866	0.3638054	- 2.4240052
$DLOGEX$ （ -1 ）	- 0.076958 *	0.0787667	- 0.9770490
$DLOGEX$ （ -2 ）	- 0.114631 **	0.0774395	- 1.4802729
$DLOGEX$ （ -3 ）	0.0608782	0.0655717	0.92842256
$DLOGGDP$ （ -1 ）	- 0.75636 **	0.4178209	- 0.2502900
$DLOGGDP$ （ -2 ）	1.543771	0.5407930	0.56443296
$DLOGGDP$ （ -3 ）	- 2.024002	0.4149450	- 1.70290384
$Adjusted\ R - squared$	0.459896	AIC	- 3.062314
$F - statistic$	3.199698	HQ	- 2.864938

注： ** 、* 分别代表在 5% 、10% 的显著水平下拒绝原假设。

在上述回归结果中，残差项 ε_t 代表了货币供给冲击。当 $\varepsilon_t > 0$ 时，意味着有一个正向的货币供给冲击，代表扩张型货币政策由 M_{pos} 表示；当 $\varepsilon_t < 0$ 时，意味着有一个负向的货币供给冲击，代表紧缩型货币政策由 M_{neg} 表示。数学上，扩张型货币政策和紧缩型货币政策计算方法如下：

$$M_{pos} = \frac{1}{2}\left[abs(\varepsilon_t) + \varepsilon_t \right]$$

$$M_{neg} = -\frac{1}{2}\left[abs(\varepsilon_t) - \varepsilon_t \right]$$

其中，$abs(\varepsilon_t)$ 代表残差项的绝对值，ε_t 代表 t 期货币供给冲击。图 4 - 4 表示按上述方法计算的扩张型货币政策冲击序列和紧缩型货币政策冲击序列。

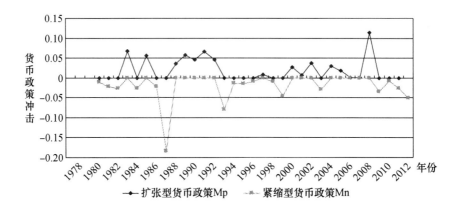

图 4 - 4　扩张型和紧缩型货币政策冲击

资料来源：由货币供给方程估计得到。

　　由图 4 - 4 可以看出，20 世纪 80 年代至 90 年代这十年，我国货币政策操作的变动幅度不大，基本呈现扩张型货币冲击和紧缩型货币冲击交替使用状况。1988 年、1989 年的高通胀之前确实使用了扩张型货币政策，但是从 1989 年下半年开始，央行又采取了严厉的紧缩型货币政策，通货膨胀情况立即得到了缓解。之后我国经历了 1990—1993 年的低通货膨胀期，货币供应量开始采取扩张型货币政策。1998—2003 年这一阶段我国经济所处环境较为复杂，货币政策操作效果也不尽如人意。为了缓解 1998 年亚洲金融危机对我国实体经济的冲击，当年我国货币政策主要采取的是扩张型货币政策，尽管如此，货币供给冲击一直呈现负向冲击状态，到 2002 年之后才转为正向冲击。究其原因，可能与我国货币政策传导的利率渠道一直不畅有很大关系。因为当年我国为了应对金融危机所采取的措施大多是利率工具，所以我国扩张型货币政策的实施效果并不显著。2009 年金融危机爆发以来，为了防止我国经济遭受更大的损失，央行采取了宽松型货币政策。"天量"货币供给之后通货膨胀也随之而来，因此央行的货币政策操作在继续巩固逐渐回暖的经济这个目标之外，还要顾忌越来越高的通胀水平。为了实现多重目标，在此期间央行综合运用了多种货币政策工具，如上调存款类金融机构存贷款基准利率、上调金融机构法定存款准备金率等。尽管我国经济在危机后的复苏还不稳固，面对经济复苏和通货膨胀的两难困境，我国仍更加注重物价稳定这一目标。这从 2010 年之后我国用 M2 实际增长率表示的货币供给冲击实际上一直呈现紧缩型货币政策可以看出。

需要说明的是，本章之后进行的对货币政策区域效应、城乡效应、不同性质企业效应、产业效应和就业效应研究均基于本节中货币供给方程估计得到的残差项所代表的货币政策冲击。

2. 区域效应模型的数据选择

向量自回归（Vector Auto Regression Model，VAR）模型是由计量经济学家 Christopher Sims 所提出，在向量自回归移动平均模型的基础上构建并进行简化得来的。它由只能使用一个变量的自回归模型（AR 模型）扩充到多个变量，因此常用在多元时间序列模型的分析上。模型中方程右边的变量以所有内生变量的滞后期组成，每个方程都一样，因此被称为向量自回归模型。模型采取多方程联立的形式，每一个方程都是内生变量的当期值对其滞后值进行的回归，由此将所有内生变量之间的动态关系纳入一个模型来进行分析考察。除此之外，向量自回归（VAR）模型是非结构化的多方程模型，该模型不以经济理论为基础，不用对解释变量的内生性和外生性进行假定，因此非常便于操作。

本部分使用向量自回归（VAR）模型对货币政策区域效应进行实证分析。在此基础上运用脉冲响应分析来更加直观地考察区域间货币政策效应的差异性，从而对货币政策区域效应差异形成认识。本节的实证分析包含 6 个变量，首先是东部（Eastern）、中部（Central）、西部（Western）和东北（Northeastern）四大区域经济增长代表变量，即四大区域国内生产总值 GDP，分别以 gdpe、gdpc、gdpw 和 gdpn 表示。以上一节货币供给方程估计得到的 M2 实际增长率作为扩张型货币政策（M_{pos}）和紧缩型货币政策（M_{neg}）的替代变量。长久以来我国一直遵循货币政策两大目标——"经济增长、物价稳定"。除了经济增长，物价水平从来都是中央银行进行调控时重点考虑的因素，因此方程中引入居民消费物价指数指标，分别用 cpie、cpic、cpiw、cpin 表示。通过引入物价指数，还可以将经济总量中通货膨胀等因素独立表达出来，可以降低误差项的自相关性。另外，方程中引入金融机构各项贷款余额这一变量，主要基于以下两点考虑：第一，我国一直存在一定程度的利率管制，信贷渠道才是我国货币政策传导的主要渠道，信贷规模的变化既能充分表现出货币政策变动又能对经济增长产生作用；第二，间接融资一直在我国资本市场占据主导地位。金融机构各项贷款余额这一变量用 Loan 来表示。样本期间为 1978—2013 年，各变量均选取年度数据，数据来源于《新中国 55 年统计资料汇编》及 2005—2014 年《中国统计年鉴》，各变量的观测数量均为 32 个。

实证检验之前需要对数据进行取对数处理，处理之后金融机构各项贷款余额的对数和东、中、西、东北四大区域国内生产总值的对数记为以下名称：lnloan 和 lngdpe、lngdpc、lngdpw、lngdpn。由于取对数处理方法不改变序列之间的关系且便于观察分析，因此基于数据平稳性考虑对这两个变量取对数。

三　实证检验

1. 变量平稳性检验

数据的平稳性是实证检验有效性的重要保障，因此对各变量进行平稳性检验必须放在对时间序列模型进行估计的第一步。本部分采用 Dickey - Fuller（ADF）单位根检验方法，使用 Eviews 6.0 软件，各变量的平稳性检验结果如表 4 - 5 所示。一般情况下，单位根检验从水平序列（level）开始，之后依顺序进行一阶差分、二阶差分，直到时间序列呈现平稳状态为止。经处理，D（lnloan）和 D（lngdpe）、D（lngdpc）、D（lngdpw）、D（lngdpn）均为一阶单整序列。所有变量均在 10% 的显著性水平下拒绝了原假设，说明各个变量都满足模型稳定性要求，VAR 模型实证检验有效，具备用脉冲响应函数分析考察货币政策区域效应的条件。

表 4 - 5   各变量平稳性检验结果

变量	检验形式 (C, T, L)	ADF 检验值	临界值	检验结果
Mn	$(c, 0, 0)$	-3.394474	$-2.981038 **$	平稳
Mp	$(c, 0, 0)$	-5.4787471	$-3.653729 *$	平稳
$Cpie$	$(c, 0, 0)$	-3.4900670	$-3.215267 ***$	平稳
$Cpic$	$(c, 0, 0)$	-3.2521796	$-2.960411 **$	平稳
$Cpiw$	$(c, 0, 0)$	-3.0780701	$-2.960411 **$	平稳
$Cpin$	$(c, 0, 0)$	-3.2619258	$-3.215267 ***$	平稳
$D (\text{ln}loan)$	$(c, 0, 1)$	-6.9249892	$-3.670169 *$	平稳
$D (\text{ln}gdpe)$	$(c, 0, 2)$	-3.4968031	$-2.9604110 **$	平稳
$D (\text{ln}gdpc)$	$(c, 0, 1)$	-3.2406500	$-2.9604110 **$	平稳
$D (\text{ln}gdpw)$	$(c, 0, 1)$	-4.1531446	$-3.6616605 *$	平稳
$D (\text{ln}gdpn)$	$(c, 0, 2)$	-3.8062141	$-3.6701696 *$	平稳

注：（1）检验形式（C, T, L）中的 C, T, L 分别代表 ADF 检验模型中的常数项、时间趋势项和滞后阶数；（2）***、**、*分别代表在 1%、5%、10% 的显著水平下拒绝原假设。

2. VAR 模型估计和脉冲响应分析

为了检验扩张型和紧缩型货币政策对东部、中部、西部、东北四大区域的影响，构建八个向量自回归（VAR）模型。VAR 模型分别包含变量 D（lngdp）和 M_{pos}/M_{neg}、D（lnloan）、cpi。综合考虑 AIC 以及 SC 信息准则，最终确定模型的滞后阶数为 2 阶。所有模型中变量的根模倒数均落在单位圆内，说明八个 VAR 模型均具备稳定性要求，同时也具备进一步做脉冲响应分析的条件。通过对八个向量自回归模型进行回归，可以得到东、中、西部地区和东北地区 GDP 实际增长率分别在紧缩型和扩张型货币政策冲击下的脉冲响应图，如图 4 - 5 所示，图中实线表示四大区域脉冲响应轨迹。

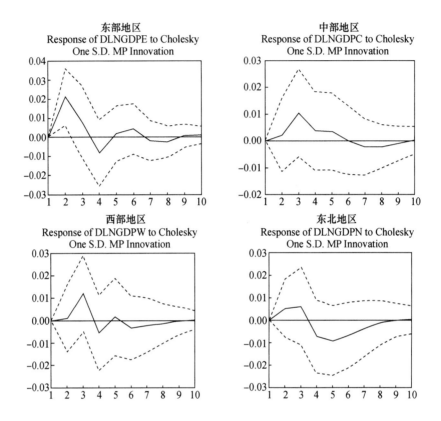

图 4 - 5   我国四大区域 GDP 实际增长率对扩张型货币政策的脉冲响应

由图 4 - 5 可知，我国四大区域经济增长对扩张型货币政策冲击的响应存在较大差异。方向上，各大区域均呈现正负向响应交替出现现象；幅度上，东部地区响应幅度最大，其次是中、西部地区，东北地区响应幅度最小。其中，给货币政策变量即 M2 增长率一个标准冲击后，东部地区的最大响应出现在第 2 期，响应值为0.0248；中部和西部地区最大响应值均出现在第 3 期，响应值分别为 0.0104 和 0.0119；东北地区正向最大响应值也出现在第 3 期，负向最大响应值出现在第 5 期，分别为 0.0051 和 - 0.0092。之后，不同区域响应值均呈现一定幅度波动，但波动幅度逐渐减小，在中长期都收敛于 0。另外，尽管东北地区在第 3 期表现出正向响应，但第 5 期的负向响应幅度要大于第 3 期的正向响应，产生了一定程度抵消作用。

将各个区域产出对扩张型货币政策冲击响应分析的其他信息归纳如下：

扩张型货币政策	最大响应出现时期	最大响应值
东部地区	2	0.0248
中部地区	3	0.0104
西部地区	3	0.0119
东北地区	3	0.0051

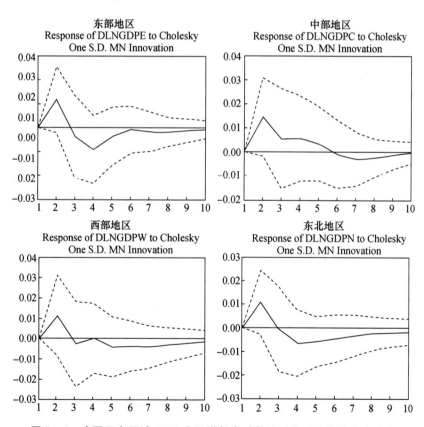

图 4-6　我国四大区域 GDP 实际增长率对紧缩型货币政策的脉冲响应

图 4-6 是我国四大区域经济增长对紧缩型货币政策冲击的响应图。由图 4-6 可知，给定一个货币政策冲击后，方向上，四大区域

的产出并未立即出现下降，负向响应均在第 3 期以后才出现；幅度上，东部地区和东北地区的最大负向响应均出现在第 4 期，负向响应最大值为 -0.0092 和 -0.0066。西部地区和中部地区最大负向响应均出现在第 7 期，负向响应最大值分别为 -0.0042 和 -0.0032。从四大区域受紧缩型货币政策的影响程度来看，东部地区影响最大，其次是东北地区和西部地区，中部地区受影响最小。另外，从图 4-6 还可看出，东部地区负向响应在第 6 期才出现，相较于其他地区负向响应出现也最晚。各区域响应值在第 10 期以后逐步趋于 0。

将各个区域产出对紧缩型货币政策冲击响应分析的其他信息归纳如下：

紧缩型货币政策	最大响应出现时期	最大响应值
东部地区	4	-0.0092
中部地区	7	-0.0032
西部地区	7	-0.0042
东北地区	4	-0.0066

3. 实证分析主要结论

由 VAR 实证检验和脉冲响应分析可知，尽管我国实施统一的货币政策，但政策效应在东、中、西部以及东北地区确实存在明显差异。在实施扩张型货币政策时，东部地区经济能够实现预期增长效果，且增长速度较快；中部和西部地区经济增长幅度和反应速度均低于东部地区，在中长期经济增长会出现负面影响，部分抵消正向效应，造成经济增长速度减慢；东北地区在短期内确实出现经济增长，但中期会出现负向影响，影响幅度甚至超过正面效应，因此扩张型货币政策不仅不能刺激东北地区经济增长，还会使该地区经济增长减速。在实施紧缩型货币政策时，同样是东部地区受影响较大，其次是东北地区，中、西部受紧缩型货币政策影响相对较小。值得一提的是，各区域负向效应的产生均是在一定时期之后，另外紧缩型货币政策有助于缩小区域间的经济差异。

第三节　我国货币政策区域效应的形成原因

一　经济因素

1. 经济发展水平不同

由于我国政策导向、机制体制等因素在区域间的差异，产生了区域经济差异。区域间的经济差距又和机制体制等因素一起，共同导致了货币政策区域效应的产生。由前文区域经济之间的不平衡状态分析可知，我国东部地区经济最发达，货币政策效应也是东部地区影响最大，反应最为迅速。第一个原因就是东部地区具有经济基础方面的领先优势。该经济基础方面的优势不仅仅是物质方面的，更重要的是观念理念方面的优势。改革开放初期，为了使经济发展起来，我国提出了区域非均衡的发展战略。由于非均衡的发展战略的提出和改革开放大体同步，因此东部沿海地区为了发展经济首先就进行了体制方面的改革。为了适应市场经济运行机制，东部地区最早接受了市场经济体制下的先进经验和理念，市场参与者对市场需求和政策变化方面的信息非常敏感，能及时作出调整，使东部地区的经济运行更加快捷有效。另外，由于观念的转变和经济体制的改革，经济运行落实到具体操作上之后效率得到了很大提高，金融摩擦等内部消耗大大降低，使货币政策在东部地区能够得到较为通畅的传导，东部地区的货币政策影响较大。

2. 金融资源规模、金融结构与发展水平不同

货币政策的传导在很大程度上要依赖于金融体系，因此区域间金融体系的差异是货币政策区域效应产生的重要原因。从国内学者白钦先教授有关"金融的本质"这一概念中可以了解，金融在本质上是一种资源，并且是经济运行中的一种核心性高层次资源。如此一来，金融这种资源在区域间的分布不同势必会导致区域间经济差异的产生。区域金融资源规模是指区域金融总量的大小。一般来

讲，金融规模主要用储蓄和贷款总量指标来衡量。

在我国各项货币政策的传导渠道中，信贷渠道占据着绝对地位，因此在影响货币政策效应的众多因素中信贷规模是具有举足轻重作用的一项。本部分从各大金融机构贷款量及占比情况来说明金融规模。从图4-7可以看出，改革开放30多年来我国各区域金融机构贷款规模都在不断增长，可以说30多年来，我国金融机构贷款从数量来讲无论是增量还是增幅都是非常大的。但是也不难发现，四大区域金融机构贷款无论是绝对值还是全国占比都有很大的差异。从各区域金融机构贷款增幅进行比较，1978—2013年这35年间，全国金融机构贷款绝对值增幅为388倍，而东部地区金融机构贷款绝对值增幅为517倍，西部地区基本与全国平均水平持平为370倍，中部地区增幅为277倍，而东北地区只有181倍。从贷款占比来看，东部地区金融机构贷款占比从1978年的44%提高至2013年的58%，西部地区贷款占比基本保持比例不变从21%降为20%，1978—2013年中部地区贷款占比从21%降为17%左右，而东北地区贷款占比从15%降为7%左右。可见，各区域间贷款增幅和占比均存在巨大差异，东部地区远高于全国平均水平，西部地区基本与全国平均水平持平，中部和东北地区则低于全国平均水平，这与货币政策区域效应的表现基本一致。

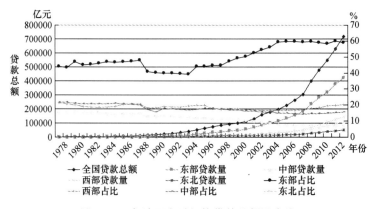

图4-7 各地区金融机构贷款总额及占比

资料来源：《新中国55年统计年鉴》、《中国金融年鉴》（2006—2014）。

　　金融资源是经济运行中的一种核心资源，金融机构作为金融资源的载体，其分布对区域间经济差异必然产生重要影响。在市场经济的导向下，区域经济利益分化必然引发金融机构空间分布发生变化。从根本上来说，金融资源作为追逐利润最大化的最重要资源，金融机构空间布局的变化可谓是区域经济差异从外化结果转为内化结果的集中体现。这不仅是我国金融体制改革的必然结果，也受到我国政府政策制定及计划安排重要影响。银行作为金融机构中最重要的组成部分，对区域经济发展、区域间金融资源的配置都起着至关重要的作用。除此之外，区域间金融结构还可以体现在证券业、保险业金融机构等方面，在此仅以银行业金融机构分布情况对我国区域间金融结构的差异做以说明。

表 4 – 6　　　　　2013 年年末我国银行业金融机构地区分布　　单位：%

	营业网点			法人机构个数占比
	机构个数占比	从业人数占比	资产总额占比	
东部	39.5	44.1	58.9	33.2
中部	23.7	21.2	15.1	24.9
西部	27.2	23.9	19.1	32.7
东北	9.6	10.8	6.9	9.2
合计	100	100	100	100

　　资料来源：中国人民银行：《中国区域金融运行报告》（2013）。

　　表 4 – 6 是我国 2013 年年末银行业金融机构地区分布比例情况。从表 4 – 6 可知，我国东、中、西部以及东北地区的银行业金融机构无论从机构个数占比、从业人数占比还是资产总额占比方面都存在较大区域差异。银行业金融机构网点中 39.5% 分布在东部地区，而东北地区金融机构个数仅占 9.6%；银行从业人数东部地区占44.1%，接近东北地区的 4 倍；更不均衡的方面表现在银行业资产总额方面，东部地区银行业资产总额占全国银行业资产总额的接近

60%，而东北地区该比例不足7%。另外，截至2013年年末，全国共有法人性质外资银行44家，除1家在西部地区外，其余均在东部地区；东部地区外资银行机构网点和资产总额在全国的占比分别为82.7%和92.9%。

在扩张型货币政策冲击下，东部地区由于金融体系相对发达，该区域企业获得资金的渠道相对较多，因此东部地区在货币政策扩张时期贷款扩张速度较快，反应迅速响应幅度较大。中、西部地区金融体系结构以国有银行为主，尤其是东北地区，融资渠道相对狭窄，因此对扩张型货币政策迅速较慢，幅度较之东部地区也小得多。在紧缩型货币政策冲击下，大型银行由于资金来源广泛、资金相对充裕，而中小银行资金就会紧张得多。从而导致中小银行的客户贷款可获得性大大降低。由于我国东部地区金融体系相对发达，外资银行、股份制商业银行和中小银行分布比中西部地区密集得多，因此东部地区企业相当部分的资金来源就是中小银行。当央行实施紧缩型货币政策时，东部地区同样反应最为迅速、负向响应幅度最大。另外，东北地区有着现实特殊性。由于体制性和结构性矛盾，东北老工业基地历经设备老化、产业衰退、国企改革等问题，形成了大批坏账，一些商业银行曾一度收回了东北地区分支机构的贷款权限。加之东北地区金融机构数量较少、资金来源也相对单一、行业多为资金密集型行业，紧缩型货币政策会进一步加剧信贷权限上缴，导致东北地区紧缩型货币政策传导迅速且紧缩的效果显著甚至收缩过度。

从金融发展水平来看，一个区域的金融体系发展水平与该区域的经济发展水平之间实际上是作用与反作用的关系。地区金融体系的发展受该地区经济发展水平和政策等因素的影响，同时又制约着经济发展和政策的贯彻实施，比如货币政策。通常情况下，用金融资产总量与GDP之比来衡量一国的金融发展程度。由于我国目前各地区金融资产总量的统计数据不可得，因此只能用金融机构存贷款的规模作为金融资产的窄口径替代指标来衡量各地区的金融发展程度。由前文分析可知，我国东部地区无论是居民存款还是金融机构贷款数量均远远高于全国平均水平，由此可知，我国东部地区金融发展水平远高于中、西部及东北地区。一个发展水平较高的金融市场可以较为充分地实现金融资源的有效配置，使货币政策传导至实体经济的渠道更多元、更通畅。我国东部地区金融发展水平远高于中、西部及东北地区，因此无论扩张型还是紧缩型货币政策冲击在东北地区的响应都更大更快。

3. 产业结构不同

首先，从我国的区域产业结构角度来分析，我国四大经济区域的产业结构有很大不同。东部和东北地区的第一产业比重较低，第二产业比重较高；中部地区和西部地区的第一产业比重较高，第二产业比重则低于东部地区和东北地区。目前国内外研究结果均表明，产业间的货币政策效应差异确实存在。目前被我国大部分学者普遍接受的结论是：我国三次产业中对货币政策最为敏感、受货币政策影响最大的是第二产业，而第一产业和第三产业对货币政策冲击的敏感性均低于第二产业。基于产业结构的影响，我国东部地区受货币政策影响应高于中西部地区，这与本书实证结果吻合。（见表4-7）

表4-7　　　　2013年我国四大区域三次产业占GDP比重　　　单位:%

	第一产业	第二产业	第三产业
东部地区	6.17	46.86	46.97
中部地区	11.79	52.14	36.07
西部地区	12.46	48.49	38.05
东北地区	11.66	49.68	38.66

资料来源：根据2014年《中国统计年鉴》计算得出。

其次，由上一部分实证可以看出，我国东北地区受扩张型货币政策影响不大，但是受紧缩型货币政策影响较大。较之产业结构相似的东部地区，受扩张型货币政策影响却很大。这是因为尽管东部地区和东北地区产业结构相似，但各个区域产业内部构成却存在很大的差异。东部地区第二产业纺织、轻工业等劳动密集型产业比重较高，东北地区第二产业以化工、机械等资本密集型制造业和采掘业为主。资本密集型行业受货币政策影响较为强烈，劳动密集型行业受货币政策影响则较弱，由此可知，除了产业结构不同，区域产业内部的差异性也可以在一定程度上解释我国货币政策区域效应的形成。

最后，从发展趋势来看产业结构对货币政策区域效应的影响。在改革开放之前，我国整体处于计划经济体制下，产业结构的变动在全国范围内具有同步性。

改革开放以后，市场经济体制逐渐开始对我国经济产生主导作用，由于我国国土幅员辽阔，各经济区域开始在不同的资源禀赋和发展优势上各显所长，区域间的产业结构发展趋势逐渐区分开来。发展较快的东部地区会着重向高新技术产业和服务业发展；中西部地区将会发展特色农业和旅游业，还会部分承接东部转移的加工制造业；东北地区工业基础较好，将会突出发展装备制造和电子通信等产业。由此可见，各区域产业结构变动趋势各具特点、各有方向。可以预见的是，未来短时期内各地区发展趋势的趋同现象还暂时不会出现，因此由各区域产业结构发展趋势之间的差异导致的货币政策区域效应在未来一段时期内还将继续存在。

4. 信贷资源在区域间的转移

信贷资源在区域间进行转移有两个必要因素：第一，银行要有相应的能力；第二，银行要有转移信贷资源的动力。首先，要在全国范围内转移信贷资源，银行必须是全国性银行，中小型银行由于发展的限制，很难做到在覆盖面上与国有银行相比及。而国有银行掌握着全国绝对比例的资产规模，2012年年末包括工、农、中、建和交行在内的五家大型银行的总资产规模达到62.66万亿元，占比为45%左右。因此国有银行有能力在区域间转移信贷资源。其次，我国五家大型国有商业银行目前均已公开上市，在市场利益最大化的驱动下，国有银行在向商业化转变，非常注重资产的营利性。东部地区由于对外开放程度、市场化程度较高以及金融体制更为健全、运行效率更高，使该地区的投资收益率高于中西部以及东北地区。银行在逐利动机的驱动下，信贷资源配置必然倾向于东部地区。

另外，货币政策区域效应的产生还与一个区域的总体信用状况有关。改革开放以来，东部地区对外开放较早，最早接受了市场经济体制下的观念和理念，对信用情况的建立非常重视。而信用是借贷行为发生的重要基础，一个地区信用环境的好坏直接关系到该地区融资活动能否顺利进行。由于东部地区信用状况好于中西部及东北地区，信贷在投放时就侧重于东部地区。因此东部地区受货币政策影响较大。同是改革开放后，东北地区经济社会发展开始却面临困难和问题。资源型产业衰退、国企改革、设备技术老化等，造成了大批坏账。东北地区信用状况急剧恶化。一些商业银行的总行甚至收回了该地区的贷款权限，这也就是东北地区对货币政策不敏感的一个重要原因。

二 政治因素

1. 非均衡发展战略的实施

为了实现经济的发展，我国在改革开放初期实施了非均衡发展战略。这一战略的实施，使我国在人力、物力、财力上向东部沿海地区发生了巨大的倾斜，使我国经济创造了持续快速增长的"中国经济奇迹"，取得了举世瞩目的成绩。不可否认，中国的改革开放和非均衡发展战略的实施极大地缩小了中国与发达国家的差距，但同时也造成了中国区域经济差距的持续增大。到了20世纪90年代初，非均衡战略的效果已经开始显现，随后东部地区在其先发优势的基础上借助"经济特区"的政策东风，继续保持快速发展的势头；与此形成对比的是内陆地区。在改革开放的导向下内陆地区进行农村经济体制改革，尽管家庭联产承包制的推行也使中西部地区在短期内获得了 GDP 的较快增长，但是当该体制改革对地区经济增长的拉动作用释放殆尽之后，中西部地区便失去了持续发展的动力源泉。可以说，非均衡发展战略的实施加深了我国区域间经济差异，并且造成区域间机制体制上产生了差异，进而造成区域间经济发展差距在相当长一段时间之内还会呈现继续扩大的趋势。

2. 金融政策多为"一刀切"模式

由于我国地域辽阔，区域间经济基础存在较大差异性，因此理论上我国并不符合"最适货币区"的要求。区域间经济异质性主要表现在：东部地区金融体系和金融市场相对完善，除了银行系统之外资本市场也发挥着重要作用；中西部地区和东北地区金融体系和金融市场发展相对落后，融资渠道单一，对商业银行信贷依赖度高。另外，我国货币政策本身也具有非对称性：东部地区扩张型货币政策效果大，紧缩型货币政策效果小，而中西部地区及东北地区扩张型货币政策效果小，紧缩型货币政策效果大。但现实情况是我国金融调控政策往往是全国统一的，"一刀切"模式调控政策和区域间经济异质性之间的矛盾导致区域间经济差异进一步加深和货币政策区域效应的产生。

第四节　本章小结

本章对经济转轨时期我国货币政策区域层面的差异效应进行了实证检验及形成因素分析。首先从我国区域经济发展不平衡现状和货币政策之间存在"错位"现象出发，通过构建货币供给方程，将货币政策具体划分为扩张型货币政策和紧缩型货币政策，为进一步实证打好基础。然后运用 VAR 计量模型以及脉冲响应方法，分别考察了 1978—2013 年我国经济转轨阶段扩张型货币政策和紧缩型货币政策的区域效应。研究发现，我国货币政策区域效应显著。具体结论为：（1）在实施扩张型货币政策时，东部地区经济能够实现预期增长效果，且增长速度较快；中部和西部地区经济增长幅度和反应

速度均低于东部地区，在中长期经济增长会出现负向影响，部分抵
消正向效应；东北地区在短期内确实出现了经济增长，但中长期会
出现负向影响，影响幅度甚至超过正向效应。（2）在实施紧缩型货
币政策时，同样是东部地区受影响较大，其次是东北地区，中西部
受紧缩型货币政策影响相对较小。（3）扩张型货币政策会使东北地
区经济增速减慢，因此扩张型货币政策会加剧区域经济差异；而紧
缩型货币政策有助于缩小区域间的经济差异。（4）我国货币政策区
域效应的形成因素大致可分为经济和政治两个方面。经济方面的因
素包括区域自身经济发展水平不同、金融发展水平不同、区域产业
结构不同和区域间信贷资源的转移；政治方面的因素包括我国非均
衡发展战略的实施和"一刀切"的金融调控模式。

第五章　转轨时期我国货币政策城乡效应分析

第一节　城乡经济不平衡现状和货币政策之间的冲突

一　我国城乡经济发展不平衡现状描述

1. 城乡居民人均收入差异

随着我国经济社会的不断发展、城镇化进程的不断推进，我国正在逐渐由农业社会向工业社会转变，农民生活得到了极大改善。农民人均收入不断提高，农村基础设施显著改善，农村居民社会保障逐步完善，农民社会地位不断提高。然而，由于我国在政策上对城市的倾斜格局并未彻底变更，在此过程中产生了一系列社会经济问题，城乡经济差异不断增大、经济发展红利在城乡之间分配不平衡以及社会发展城乡间长期失衡等问题日益加重。

由图 5-1 可以看出，我国城乡人均收入差异明显。20 世纪 90 年代之前，我国城乡收入差距还不算很大，在 1984—1986 年，城乡收入比还一度呈现缩小趋势。进入 90 年代以后，我国城乡收入差异开始出现扩大趋势，随后除了个别年份如 1988 年、1989 年之外，我国城乡居民收入差异不断扩大增速明显。1993 年，我国农村居民人均纯收入为 921.6 元，城镇居民人均可支配收入为 2577.4 元，城乡收入比为 2.79∶1；2003 年，我国农村居民人均纯收入为 2622.2

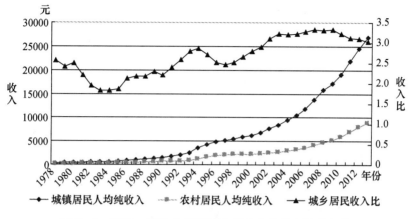

图 5 - 1　1978—2013 年我国城乡居民人均收入及收入比

资料来源:《新中国 55 年统计资料汇编》、《中国统计年鉴》(2006—2014)。

元,城镇居民人均可支配收入为 8472.2 元,城乡收入比上升为 3.23:1;2009 年,该比例达到了历史最高点 3.33:1,之后在国家各项措施并举协调城乡居民生活的努力下,2013 年城乡收入比略有下降,为 3.03:1,总体上讲我国城乡居民收入仍存在较大差异。

2. 城乡固定资产投资之间的差异

现阶段,我国正处于经济体制变革的过渡时期,社会经济发展在由计划经济向市场经济转变的过程中出现一定的城乡收入差异实属正常,这就需要政府在这个过程中统筹城乡之间协调发展,运用转移支付、公共服务等手段调节城乡之间经济差异。但是我国长期以来实行的都是向城市倾斜的公共资源分配政策,导致财政支出、投资等资源的分配全部倾向于城市。这种政策上的倾斜体现在城乡社会的各个方面,城乡之间在公路道路、电力设施、供水系统以及教育、卫生、医疗均存在巨大差异。农村地区道路覆盖率远远小于城市地区道路覆盖率,农村地区电力设施陈旧、电费贵并且经常停电,农村地区用水困难,一些地区生活用水都很难保证,卫生条件差,每千人医院和病床数量远远低于城市水平,教育投资水平和城市更是有着天壤之别。这些城乡在基础设施方面的差异主要是由城乡固定资产投资之间的差异造成的,城乡经济社会发展差异从固定资产之间的差异就可看出。

由表 5 – 1 可知，我国城乡固定资产投资确实存在巨大差异。城镇固定资产投资几乎占了全社会固定资产投资绝对比例，并且该比例逐年增大。1995 年，城镇和农村固定资产投资分别占到了当年全社会固定资产投资总额的 78.14% 和 21.86%；到了 2013 年，该比例分别变为 97.63% 和 2.36%。可见，虽然我国城乡之间经济差异不断扩大，但我国投资向城市倾斜的政策取向并未发生改变，城市投资甚至有逐年增加之势。这种政策倾斜会加剧我国城乡经济差异，使这种差异在未来相当长时间内会持续存在。

表 5 – 1 　　　　　　城乡固定资产投资情况 　　　　单位：亿元

年份	全社会	城镇	占比（%）	农村	占比（%）
1995	20019.3	15643.7	78.14	4375.6	21.86
2000	32917.7	26221.8	79.65	6695.9	20.35
2005	88773.6	75095.1	84.59	13678.51	15.41
2010	251683.8	243797.8	96.86	7885.975	3.14
2011	311485.1	302396.1	97.08	9089.066	2.92
2012	374694.7	364854.1	97.37	9840.59	2.63
2013	446294.1	435747.4	97.63	10546.66	2.36

资料来源：《中国统计年鉴》（2014）。

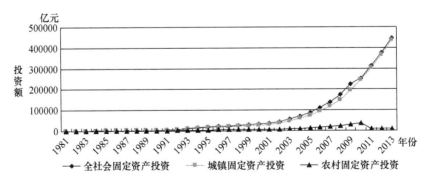

图 5 – 2 　城镇、农村及全社会固定资产投资比较（1981—2013）

资料来源：《新中国 55 年统计资料汇编》、《中国统计年鉴》（2006—2014）。

3. 城乡居民消费差异

改革开放 30 多年来，我国经济取得了巨大成就，城乡人民生活发生了翻天覆地的变化。城市居民生活消费已经处于较高水平，对部分农村居民来说，冰箱、洗衣机等电器消费也并不鲜见。但是，由于我国农村人口从数量毕竟还是占总人口的大多数，加之城乡居民生活水平差距非常大，目前在一些偏远农村地区消费水平仍然很低，大件电器等耐用品消费并不是每个农村家庭都可以负担的。另外，我国部分农村地区条件有限，有些地区甚至自来水和用电都无法保证，这又造成了一些耐用品在农村不具备使用价值。从而造成农村居民买不起或者用不了一些大件电器等耐用品。农村居民的消费大部分集中于吃穿用等基础的生活性消费，这些消费在总体消费支出中所占比例非常有限。因此，城乡居民消费必然存在巨大差异。

由图 5-3 可以看出，1993—2013 年我国城乡居民消费支出差距呈现逐年扩大之势。1993 年，我国城乡居民消费支出分别为9554.1 亿元和 6858.0 亿元，仅相差 2696.1 亿元；2003 年城乡居民消费支出分别为 41344.1 亿元和 16305.7 亿元，相差 25038.4 亿元，城乡消费支出差距扩大近 9 倍；2013 年，该支出变为 165074 亿元和 47113.5 亿元，相差 117960.5 亿元，城乡消费支出差距扩大近43 倍。另外，从城乡居民消费支出比也可以看出，20 年间我国城乡居民消费支出比呈现逐年扩大之势，该比例从 1993 年的 1.39 扩大至 2013 年的 3.5。

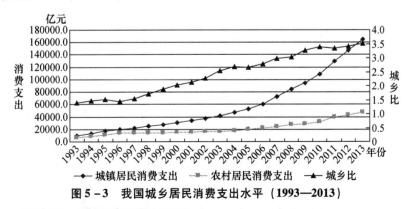

图 5-3　我国城乡居民消费支出水平（1993—2013）

资料来源：《中国统计年鉴》（2014）。

　　另外，我国城乡居民消费还存在结构方面的差异，我们通过恩格尔系数来考察城乡居民消费差异。恩格尔系数是食品消费支出总额占个人消费支出总额的比重。恩格尔系数的经济学意义是：当一个家庭收入越少，购买食物的支出在家庭总支出中所占的比例就越大；反之，当一个家庭收入越高，食物的支出在家庭总支出中所占比例则越低。从图5－4可知，改革开放以来我国城乡居民家庭恩格尔系数均呈现下降态势，但显而易见农村家庭恩格尔系数始终大于同年城镇居民恩格尔系数，这从另一个侧面说明我国城乡居民收入水平差异始终存在。

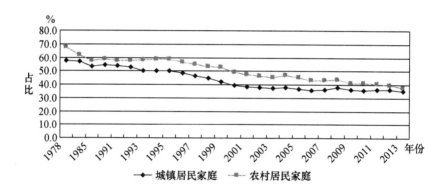

图5－4　我国城乡居民家庭恩格尔系数

资料来源：《中国统计年鉴》（2014）。

二　与货币政策之间的矛盾

　　当前，我国正处于计划经济向市场经济过渡的转轨时期，同时也正处于危机后经济结构优化调整时期，货币政策作为宏观经济调控政策中最核心的政策组成之一，其重要性在体制转轨、结构调整时期自然是不言而喻的。然而由于我国现阶段城乡之间的经济差异，尤其是城乡金融体系的差异，导致我国货币政策冲击在城市和农村地区反应深度和反应速度方面具有很大差异，严重影响了货币政策有效性，甚至使货币政策的实施发生"事与愿违"的结果。

国家在此方面一直没有放弃过努力。1987 年国家在《关于下放贷款利率浮动权的通知》中规定贷款利率的上浮幅度由 20% 缩小为 10%，这一规定严重影响了银行对农村贷款的积极性。次年人民银行便宣布农村信用社贷款利率最高上浮幅度由 40% 扩大到 50%。在实施差别化存款准备金率时，在执行之初，央行将农村信用社等机构排除在外；在执行过程中，又针对西部地区农村金融机构实行低于大型存款类金融机构 6.5% 的存款准备金率，央行的这些措施都在政策上为促进农村地区经济发展、协调城乡经济发展差异提供了一定的空间。在信贷政策方面，国家制定了扶贫开发贷款、助学贷款等专项贷款，在一定程度上弥补了城乡经济发展不平衡的现象。在再贷款方面，1999—2002 年央行共安排支农再贷款 1238 亿元，之后又不断提高支农再贷款对经济落后地区的农村金融机构的支持力度。2008 年央行与银监会联合印发《中国人民银行中国银行业监督管理委员会关于加快推进农村金融产品和服务方式创新的意见》（银发〔2008〕295 号），期望金融创新能够使农村经济直接受惠，促进城乡经济共同发展。近年来，支农再贷款限额不断增加、调剂力度也随之增强。2009 年，央行印发了《中国人民银行关于完善支农再贷款管理、支持春耕备耕、扩大"三农"信贷投放的通知》（银发〔2009〕38 号）。从数量、对象和期限三方面扩大支农再贷款对农村经济发展的支持力度，同时简化贷款手续方便农户。

近几年，针对我国经济社会发展中城乡二元经济结构越来越突出的现象，也为进一步缓解农户农业贷款难的问题，我国央行还在《中国人民银行办公厅关于做好 2014 年信贷政策工作的意见》（银办发〔2014〕23 号）中强调要各银行业金融机构加强对"三农"信贷投放。2014 年国家下发了《关于推动金融支持和服务现代农业发展的通知》，就促进各级部门推动金融支农作出了系统部署。李克强总理还在达沃斯讲话中特别强调货币政策向农业倾斜，下一步要把已有的存量货币和增量货币向农业等产业倾斜，扶持这些产业的发展。

从国家和货币当局这些一系列的措施不难看出，国家对城乡差异问题高度重视。尽管央行也试图运用各种金融工具搭配的方式来解决我国货币政策的城乡效应，例如减免农业税、增加涉农补贴规模、设立涉农惠农专项资金、涉农金融机构降准等。但是各种金融工具毕竟只是总量性货币政策工具的补充，其作用的范围和作用力度仍然有限。另外，我国货币政策还存在一些方面的传导渠道不完整、传导机制不畅通问题，国家层面对农村经济的政策倾斜有时很难落到实处。除此之外，我国当前缺乏科学有效地衡量农村经济发展和金融支持的指标体系，货币政策向农村经济发展提供金融支持的程度和方向没有可靠的政策依据。由此，尽管我国货币当局在缓解城乡经济差异方面做出了许多努力，但这些举措仍然难以协调我国当前复杂的经济环境和城乡之间不平衡问题。当前，我国总量调控为主的货币政策与城乡经济协调发展之间的矛盾依然突出。

第二节　货币政策城乡效应的实证检验

本部分所使用计量方法与上一章类似。通过计量模型，运用我国扩张型和紧缩型货币政策的时间序列，并应用向量自回归（VAR）模型，通过脉冲响应函数、方差分解对我国扩张型和紧缩型货币政策下城乡差异效应进行了实证检验，并对货币政策城乡效应的成因进行了具体分析。

一　数据选取

首先需要对本书中城乡的划分做以说明。本部分关于城乡的划分基于我国《关于统计上划分城乡的暂行规定》，城镇包括城区和镇区。城区是街道办事处所辖的居民委员会地域和公共设施等连接到的其他居民委员会地域。镇区是指镇所辖的居民委员会地域和镇公共设施等连接到的村民委员会地域。乡村是指本规定划定的城镇

以外的区域。[①] 对于货币政策对城乡经济的影响，本书选取城镇居
民人均可支配收入和农村居民人均纯收入作为经济指标，分别记为
urban 和 rural。货币政策冲击变量选取上一章货币供给方程估计得
到的扩张型货币供给冲击和紧缩型货币供给冲击，记为 M_{pos}/M_{neg}。
金融结构各项贷款余额记为 loan。物价水平从来都是央行重点监控
对象，因此方程中引入居民消费物价指数指标用 cpi 表示。样本期
间为1978—2013 年，各变量均选取年度数据，数据来源于《新中
国 55 年统计资料汇编》及 2005—2014 年《中国统计年鉴》。实证
检验之前需要对数据进行取对数处理，处理之后金融机构各项贷款
余额的对数和城镇居民人均可支配收入和农村居民人均纯收入对数
记为以下名称：lnloan 和 lnurban、lnrural。

二　平稳性检验

在对时间序列模型进行估计前，首先需要对各变量进行平稳性
检验。本部分采用 Dickey – Fuller（ADF）单位根检验方法，软件使
用 Eviews 6.0，各变量的平稳性检验结果如表 5 – 2 所示。一般情况
下，单位根检验从水平序列（level）开始，之后依顺序进行一阶差
分、二阶差分，直到时间序列呈现平稳状态为止。经处理，D（ln-
loan）和 D（lnurban）、D（lnrural）均为一阶单整序列。所有变量
均在10% 的显著性水平下拒绝了原假设，说明各个变量都满足模型
稳定性要求，VAR 模型实证检验有效，具备用脉冲响应分析考察货
币政策城乡效应的条件。

表 5 – 2　　　　　　　　　　　数据平稳性检验

变量	检验形式（C，T，L）	ADF 检验值	临界值	检验结果
D（lnurban）	(0, 0, 1)	− 2. 86723783 *	− 2. 61743372	平稳
D（lnrural）	(c, 0, 3)	− 2. 90200465 *	− 2. 65711020	平稳
D（lnloan）	(0, 0, 1)	− 3. 54688806 **	− 2. 95711020	平稳

注：（1）检验形式（C，T，L）中的 C，T，L 分别代表 ADF 检验模型中的常数项、
时间趋势项和滞后阶数；（2） ** 、* 分别代表在5% 、10% 的显著水平下拒绝原假设。

---

① 国家统计局网站，http：//www. stats. gov. cn/。

三 VAR 模型及脉冲响应分析

为了检验扩张型和紧缩型货币政策对城镇和乡村的影响，构建四个向量自回归（VAR）模型。VAR 模型分别包含变量 D（lnurban）/D（lnrural）和 M_{pos}/M_{neg}、D（lnloan）、cpi。综合考虑 AIC 以及 SC 信息准则，最终确定模型的滞后阶数为 2 阶。四个 VAR 模型所有的根模倒数都小于 1，即都在单位圆内，说明 VAR 模型均为稳定，同时也具备用脉冲响应分析考察货币政策城乡效应的稳定性要求。通过分别对城乡扩张型和紧缩型货币政策效应模型进行回归，可以得到我国城乡地区人均收入实际增长率分别在紧缩型和扩张型货币政策冲击下的脉冲响应图，如图 5-5 所示。图为给定货币政策一个标准差的初始冲击后，对各变量的影响进行 10 个滞后期的系统模拟，实线表示城乡脉冲响应轨迹，重点比对货币供应量对城乡人均收入在响应速度和响应深度上的差异。

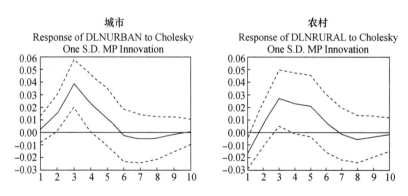

图 5-5 扩张型货币政策冲击的城乡效应脉冲响应

由图 5-5 可知，扩张型货币政策冲击下我国城乡地区人均收入增长存在较大差异。从响应强度上看，城市地区人均收入对货币政策冲击反应较为强烈，最大响应出现在第 3 期，响应值为 0.03879；农村地区人均收入对货币政策冲击反应最大响应也出现在第 3 期，但最大响应值为 0.02758，反应强度小于城市地区。但是在响应速度方面，城镇地区当期即出现响应，反应较为迅速；而农村地区正向响应则是第 2 期之后才出现。城乡地区人均收入增长对扩张型货

币政策冲击的响应在第 6 期之后均出现波动，但最后均逐步收敛趋
于零值。

将城乡地区人均收入对扩张型货币政策冲击响应分析的其他信
息归纳如下：

扩张型货币政策	最大响应出现时期	最大响应值
城镇地区	3	0.03879
农村地区	3	0.02758

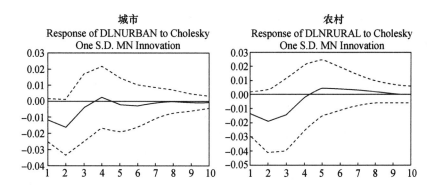

图 5 - 6　紧缩型货币政策冲击的城乡效应脉冲响应

图 5 - 6 是我国城乡地区人均收入增长对紧缩型货币政策冲击的
响应图。由图可知，给定一个紧缩型货币政策冲击后，城乡地区人
均收入都出现负向响应。影响速度上，城乡地区最大负向响应均出
现在第 2 期；影响深度上，城乡地区负向响应最大值为 - 0.01622
和 - 0.01923，农村地区大于城镇地区。另外还可看出，城乡地区
对紧缩型货币政策的响应在第 4 期之后均出现波动。较之城市地区，
农村受紧缩型货币政策影响时间相对较长，影响效应在第 9 期以后
才逐渐趋于 0。将紧缩型货币政策城乡效应的其他信息归纳如下：

紧缩型货币政策	最大响应出现时期	最大响应值
城镇地区	2	- 0.01622
农村地区	2	- 0.01923

四 检验结果分析

由本部分实证检验可知，我国货币政策确实存在城乡结构效应。总的来说，扩张型货币政策对城乡人均收入均有正向影响，城镇地区影响效果更大、反应更为迅速；紧缩型货币政策对城乡人均收入均有负向影响，农村地区人均收入所受影响、更大更持久，但在反应速度方面，城乡间差别不大。城乡地区对我国统一制定、统一实施的货币政策响应并不一致，我国货币政策城乡效应确实存在。

第三节　我国货币政策城乡效应的形成原因

在前文对货币政策传导机制的分析中可知，在市场经济运行条件下，货币政策传导是中央银行、金融机构以及市场参与者共同作用的结果。那么，货币政策是否有效，并不完全取决于政策制定本身，金融机构和金融市场作为货币政策传导的媒介和平台，在货币政策传导中的作用举足轻重。可以说，微观金融的发育程度和运行效率直接影响着货币政策有效性的发挥。

一 城乡金融二元结构

经济学家熊彼特在《经济发展理论》一文中，将金融二元结构这一概念解释为：在经济发达地区和城市的大型金融机构，与经济落后地区的、以传统方式经营的当铺等非正规金融机构同时存在；大城市金融机构随处可见的现象和农村金融机构寥寥无几的现象并存；城市居民享受高效现代化金融服务和小企业和农村居民被阻拦在现代金融市场之外的现象，这些现象统称为金融二元结构状况。基于该金融二元结构的概括和我国城乡经济特征，本书所说城乡金融二元结构是指我国城乡地区金融发展水平的显著差异。

从实质上讲，我国城乡经济差异是金融发展水平存在城乡差异的根本原因。因为按照金融成长理论的观点，地区间经济基础不同会导致各自提供给金融成长的基础和空间存在很大差异。在当前我国经济制度变迁、经济体制转轨的历史时期，我国城乡经济差异的产生有其必然性，随之出现的城乡金融二元结构也不足为奇。城乡金融二元结构又反过来影响城乡经济的发展，造成城乡金融二元结构和城乡经济差异之间的作用与反作用关系。

二　非均衡发展战略的负效应

我国现阶段城乡之间存在较大经济差异的现象与国家政策导向、发展战略密不可分。新中国成立初期的"以农养工"、"以乡养城"方针，使城镇经济发展获得了先发优势；改革开放以后国家长期以来实行的向城市倾斜的资源分配政策，又进一步加剧了我国城乡经济二元结构。

在新中国成立初期，我国国民经济整体水平十分落后，为了使经济发展起步并尽快实现现代化，我国采取了优先发展工业尤其是重工业的发展策略。当时的中国经济基础十分薄弱，为了实现农业化向工业化的转变，作为农业国的中国当时采取了"剪刀差"的政策[1]，即由农业为工业化提供物质基础、由农业为工业发展提供资源和资金。这种政策上的倾斜，实质上导致当时我国的农业不仅要为工业发展提供原料，还要为工业化发展积累资本。在当时这种政策导向下，整个国家形成了"以农养工"、"以乡养城"的局面，我国农村经济在很长一段时间内基本没有取得发展，而城镇经济的发展已经获得了一定程度的先发优势。

改革开放以后，我国沿用了向城市倾斜的资源分配政策，资金资源的使用都以优先发展城市经济为导向。为了减轻改革推进的阻力，我国提出了优先发展东南沿海地区的非均衡发展战略。进入市场经济以来，教育不平等、城乡就业工资"同工不同酬"等现象又导致城乡经济差距的进一步加深。

经济决定金融。在改革开放以前，我国城乡金融基本上处于行

---

① "剪刀差"是指工农业产品交换时，工业品价格高于价值，农产品价格低于价值所出现的差额。用图表示呈现张开形态，因此命名为"剪刀差"。

政性的平衡状态之中，城乡之间的金融规模、金融发展水平和金融结构都差别不大。但是随着改革开放步伐的加快和非均衡发展战略的实施，我国城乡二元经济结构不断深化。在此过程中经历了我国金融市场的建立和发展，城乡二元经济结构导致的城乡金融二元结构也随之出现，二者相互影响共同作用影响着货币政策城乡效应的产生。

三　金融发展水平的城乡差异

本部分对我国城乡金融发展水平的差异主要从金融规模、金融市场以及金融机构三个方面来说明。归根结底，我国货币政策城乡效应可谓是我国当前城乡间金融资源配置不合理造成的。农村农户非常需要资金的支持来发展农村经济，但农业固有特征又是高风险低回报，这就造成农村农户能够取得的信贷资源极其有限，这种现状给农村经济的发展造成巨大障碍，使我国农村经济长期处于经济发展的初级阶段，难以取得实质性的进步，久而久之农村经济的发展便陷入恶性循环。与之形成对比的是，城市金融体系发育相对完善，融资渠道多元化，投资所需资金可以较轻易得到保障，从而保证城市经济发展的需求可以较为轻易地被满足。除此之外，我国一直以来实行的优先保证城市发展的政策取向已经为城市经济的发展取得先发优势，更容易进入良性循环的通道。

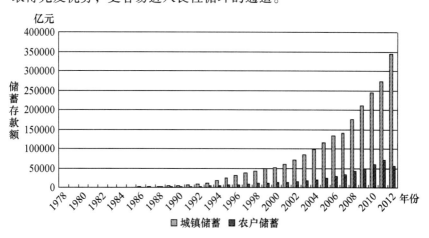

图 5－7　我国城乡储蓄人民币存款余额（1978—2012）

资料来源：《中国金融年鉴》（2013）。

由图 5 - 7 可知，改革开放以来我国城乡储蓄差距逐年增大。1990 年，我国城乡储蓄比仅为 2.87∶1，到了 2000 年该比例增大至 4.2∶1，到了 2012 年该比例更是变为 6.31∶1。可见随着经济社会的发展，尽管农村经济得到了很大发展，农民生活水平也切实得到了改善，但是相对城市，农村经济发展仍相对滞后。

表 5 - 3　　我国农业及乡镇企业产值比、贷款比（1999—2009）　　单位：%

年份	农业产值/GDP	农业贷款/全部贷款	乡镇企业增加值/GDP	乡镇企业贷款/全部贷款
1999	17.6	5.11	30.8	6.57
2000	16.4	4.92	30.7	6.10
2001	15.2	5.09	30.6	5.71
2002	14.7	5.24	31.6	5.19
2003	14.6	5.29	31.4	4.82
2004	15.2	5.52	30.5	4.53
2005	12.3	5.95	25.6	4.06
2006	10.29	5.86	27.5	2.76
2007	11.72	5.90	27.6	2.72
2008	10.8	5.81	28	2.46
2009	10.6	5.41	27.4	2.26

资料来源：《中国农业发展报告》（1995—2013）。

由于统计口径的变化，我们仅得到 1999—2009 年十年间农村贷款占比情况。由表 5 - 3 可以看出，十年间我国农业贷款占全部贷款比重仅维持在 5% 左右，与此相对应的农业总产值占 GDP 比重却一直维持在 10% 以上，可见农业贷款与农业对 GDP 的贡献相比还存在很大差距。乡镇企业更是困难，乡镇企业增加值占 GDP 比重却一直维持在 20% 以上，而乡镇企业信贷量仅占不足 3%。由存款和贷款两方面不难看出，我国金融规模在城乡间分布极不均衡。金融资源是经济发展的核心资源，农村经济发展所需要的金融资源根本无法得到保障，导致我国城乡经济差异越来越大，并且陷入"强者更强、弱者更弱"的恶性循环。

从金融市场角度来看，金融市场是货币政策得以传导的中介平

台，对货币政策传导起着重要作用。我国城乡间金融市场发育程度
差异巨大，从而造成货币政策城乡效应。城市地区货币市场和资本
市场发育相对成熟，市场化程度较高，资金在金融机构间的调配十
分灵活。统计数据显示，2012 年股票市场的筹资额为 4134.38 亿
元，较 1990 年增加了 400 多倍[①]；2012 年债券市场的筹资额为
5934 亿元，较之改革开放初期也增加了几十倍之多。[②] 但是这些翻
天覆地的金融发展仅发生在城市地区。就股票市场而言，我国股票
相关法规要求上市公司连续盈利三年累计达到 5000 万元并且股本不
得少于 500 万元；就债券市场而言，我国企业发行债券的条件是净
资产不低于 3000 万元，这样的上市条件绝不是农村中小企业能够承
受的。农村地区的金融市场发展才刚刚起步。农村地区资本市场的
市场化程度和经济效率都还处于相当低端的初始阶段，对货币政策
在农村地区的传导起着严重的制约作用。表 5 - 4 反映了我国农村金
融的效率问题。刘仁伍（2006）测算了三类不同性质银行的平均效
率，结果显示我国农村金融机构的效率明显低于国有商业银行以及
股份制商业银行。我国城乡金融发展极不平衡的局面很大程度上造
成了货币政策城乡效应的产生。

表 5 - 4　　　　　　　不同性质银行 DEA 效率评估结果

	配置效率	成本效率	技术效率
农村金融机构	0.54	0.39	0.63
国有商业银行	0.76	0.72	0.85
股份制商业银行	0.85	0.89	0.91

资料来源：刘仁伍：《新农村建设中的金融问题》，中国金融出版社 2006 年版，第
137 页。

最后从金融机构角度来考察我国货币政策城乡效应的产生。我
国城乡地区间金融机构无论从资产规模还是人员、机构分布上都有
着很大差异。我国城市地区，金融机构分布广、从业人员众多、资

---

① 《中国区域金融运行报告》（2013）。
② 《中国证券期货统计年鉴》（2013）。

产规模大、对外开放程度高，加之资本市场活跃，这些都造成城市地区经济发展融资渠道多元、融资更加方便，为城市经济的发展提供了必要的保证。我国农村地区的金融机构近些年来逐渐呈现萎缩态势。受金融企业"逐利"特性的驱使，各大国有商业银行的业务重心均已转向城市地区，县及县以下营业网点大幅减少。另外，农业贷款的高风险性使商业银行对农业贷款的门槛一直没有降低，甚至出现了"惜贷"现象。商业银行不但没有对农村经济的发展起到金融信贷支持的作用，还使大量农村资金流向经济发达的城市地区和投资回报率高的非农产业，出现所谓的"虹吸"现象。据相关统计数据显示，我国 20 世纪 90 年代初开始，每年农村流出资金总量高达 3000 亿元。近些年该现象有增无减，每年农村流出资金已经达到 6000 亿元。

表 5-5	2012 年我国城乡金融机构总资产	单位：亿元
金融机构		总资产
城镇金融机构	大型商业银行	600401
	城市商业银行	123469
	股份制商业银行	235271
	城市信用社	—
	外资银行	23804
农村金融机构	农业银行	131971
	农业发展银行	19534
	农村商业银行	62751
	农村信用社	79535
	农村合作社	12835

资料来源：《中国金融统计年鉴》（2013）。

另外，随着经济的发展，近年来一些金融机构却逐渐退出了农村金融市场，我国农村地区金融机构网点个数和网点覆盖率都呈现下降趋势。2002 年国家银行年末机构总数为 10.35 万个，年末职工数为169.7万人。到了2012年，国家银行机构总数上升至12.11万个，年末职工数达237.32万人。然而农村金融机构的发展状况却不甚乐观。2002年，中国农业银行的机构数为3.92万个，员工总人数为48.09万人；2012年，机构数减少为2.34万个，十年间机构数几乎减少了一半。2002年，农村信用社机构数有3.5万个，员工人数62.81万人，2012年法人机构数仅剩1927家，员工人数减少为50.28万人，减少幅度大约为20%。由此可见，随着我国经济社会的发展，农村经济并未得到有效的改善。农村金融在本已落后的局面下，还在输出金融资源，导致农村经济发展环境更加不利。城乡间金融发展水平的差异，造成了货币政策传导效率城乡间的巨大差异，最终导致货币政策城乡效应的产生。

四 循环累积因果效应

著名经济学家缪尔达尔在1957年提出了"累积因果理论"。该理论对区域经济发展的差距进行了解释：经济发展过程的起点肯定是经济基础相对较好的地区，一旦开始发展这些地区就具有了先发优势。在发展过程中这些地区由于先发优势会领先于其他地区，并且在累积因果效应的作用下不断积累有利因素加速发展，逐渐造成地区间的不平衡现象愈演愈烈。根据缪尔达尔的理论，累积效应可以产生两种完全不同的效应，即扩散效应和回流效应，这两种效应方向相反。扩散效应指经济发展较快地区在发展到一定程度后，资金、劳动力等资源会向周围发生扩散效应；回流效应指落后地区的资金、劳动力向发达地区流动。扩散效应往往小于回流效应，因此落后地区的经济发展会更加缓慢。市场在此过程中的作用不但不会缓解累积效应，相反还会使地区间的不平衡不断被强化。因此缪尔达尔等认为，单单依靠市场的力量会使区域间的不平衡现象加剧，政府对经济发展进行干预对于协调地区间经济的发展是非常有必要的。实际上，城乡经济的划分属于区域经济的一种，只是对区域的划分标准不同而已。基于这一原理，我国经济在改革开放后的发展过程中，资源不断地回流至经济发达的城市地区，造成城市地区经济的加速发展，而农村地区则愈加落后，弱者更弱。因此，如果说城乡间的非均衡发展战略是货币政策城乡效应的起因，那么"循环累积因果效应"则就是货币政策城乡效应的推进器。

第四节　本章小结

本章对转轨时期我国货币政策城乡效应进行了实证检验，并且从深层次探寻了货币政策城乡效应的形成原因。首先从我国城乡经济发展不平衡现状的描述出发，发现我国货币政策与城乡经济发展的变动趋势之间存在突出矛盾，货币政策的实施会进一步加剧我国城乡经济差异。然后，运用1978—2013年我国经济处于转轨阶段的宏观数据，通过脉冲响应方法分别检验了扩张型货币政策和紧缩型货币政策对城乡经济发展的具体影响。研究发现，我国货币政策城乡效应显著。具体研究结果如下：（1）从影响深度上来看，扩张型货币政策下城市地区人均收入增长对货币政策冲击反应较为强烈，农村地区人均收入对货币政策冲击反应强度小于城市地区；在紧缩型货币政策下，农村地区人均收入对货币政策冲击反应强度却大于城市地区。（2）从反应速度上来看，城镇地区对扩张型货币政策响应更为迅速，而农村地区正向响应则是第2期之后才出现；对紧缩型货币政策城乡地区响应速度相差不大。（3）我国扩张型货币政策的实施会使城市地区经济"强者更强"，而紧缩型货币政策则使农村经济"弱者更弱"，因此统一货币政策的实施会加剧我国城乡经济差异。（4）究其原因，城乡金融二元结构是我国货币政策城乡效应的根源，改革开放以来实施的城乡非均衡发展战略导致了货币政策城乡效应的产生，我国金融发展水平的城乡差异促进了货币政策城乡效应的发展，而循环累积因果效应则进一步推进了我国货币政策城乡效应的深化。

第六章 转轨时期我国货币政策行业效应分析

第一节 行业发展不平衡现状和货币政策之间的冲突

一 我国行业发展的不平衡现状描述

尽管改革开放以来我国经济取得了长足的发展，但当前我国农业基础较弱，工业大而不强，服务业发展滞后等产业结构不合理问题十分严峻。与此同时，产业内部各行业发展也十分不平衡。例如资源型产业中，低端产品比例偏高而技术含量高、附加值高的高端产品比例偏低；服务业中，传统低端服务业仍占我国服务行业绝对比重而知识密集型、技术密集型的现代服务业如科技服务业、信息服务业和软件服务业等所占比例太低；在制造业中，拥有核心自主知识产权、产品的国际竞争力的现代制造业比重偏少，传统劳动密集型制造业仍占较高比重等。图6-1反映了我国2003—2013年各行业固定资产投资情况，可以看出我国每年的固定资产投资主要集中在如制造业、房地产业等行业，其他行业固定资产投资所占比例都远远低于这些行业，除制造业是资金密集型行业这个因素以外，可以看出我国固定资产投资行业间的分配很不平衡。这些现实问题都反映出，尽管当前我国经济总量很大，经济增长速度一直保持在较高水平，但产业内部的行业发展不平衡问题十分突出。

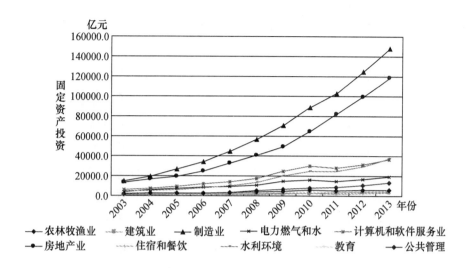

图6-1　各行业固定资产投资情况（2003—2013）

资料来源：《中国金融年鉴》（2013）。

　　造成行业间发展不平衡局面除了市场这个因素以外，更重要的是我国经济转轨时期体制上的因素。尽管改革开放以来我国始终重视体制的改革并取得了显著成绩，但我国国民经济发展的很多方面如产权制度、金融体制等方面改革还不彻底、依旧非常滞后，从而造成产业内长期存在垄断与非垄断行业之间的发展极端的不平衡现象。一些关乎国民经济命脉的行业一直保持着行政性垄断局面，如军工、石油、石化、电力、水利、能源、交通运输等行业政府一直掌握着绝对控制权。这些行业由于实质上是政府在经营管理，所以凭借着政府的管理特权和对资源配置的权力，这些行业获取了大量的垄断利益。与之相比，非垄断行业则处于竞争劣势。既没有管理保护又没有经营管理上的政策支持，因此盈利能力有限。政府对行业间发展进行干预，造成我国行业间发展和行业间的收入分配极端的不平衡，损害了市场原有的经济秩序。从另一个角度解释，政府对行业发展的干预，相当于人为地造成行业间经济体的异质性，违反了统一货币政策下对经济同质性的要求，严重影响了政策的实施效果和公平性，最终造成货币政策行业效应的产生。

二　与货币政策之间的矛盾

长期以来，货币政策作为最重要的两大宏观调控措施之一，一直对我国宏观经济运行起着"保驾护航"的重要作用。在经济运行中，央行制定并实施货币政策时，参考依据是国家对整体经济发展做出的产业规划，在此基础上央行搭配运用各种货币政策工具引导商业银行等金融机构的行为，最终使经济运行中的信贷资源流向与国家政策意图相吻合的方向。国家在此过程中通过资源导向实现经济结构优化调整的政策目标。例如2008年"三鹿"事件对我国奶制品行业冲击极大，央行会同银监会发布《关于做好金融服务促进我国奶业持续健康发展有关工作的通知》（银发〔2008〕275号），通过金融支持帮助我国奶制品行业度过困难时期，对保护我国民族奶制品企业和行业发挥了积极作用。

．随着我国经济的高速发展，行业之间以及行业内部的发展不平衡现象逐渐出现，以经济同质性为背景的货币政策与行业发展不平衡之间的矛盾日益凸显。2009年国家发改委等部门发布的《关于抑制部分行业产能过剩和重复建设引导产业健康发展的若干意见》中就曾明确指出，我国钢铁、水泥、煤、电解铝和风电、造船等行业存在严重的产能过剩。部分行业的重复建设导致的产能过剩将会使我国经济从结构性失衡转变为总量性失衡。面对这种局面，央行采取了紧缩型货币政策的一系列措施，希望能给过热的经济降降温。但现实情况是产能过剩的行业多为对紧缩型货币政策不敏感的行业，紧缩型货币政策不但起不到给经济降温的作用，还会使如农林牧渔业等正常运行行业收缩过度，影响整体经济的投资发展。在扩张型货币政策下，市场竞争程度较高的行业可能经济刚刚回暖，但垄断行业由于受扩张型货币政策影响较大，可能已经出现过度投资、增长过快等情况。另一个例子是为了遏制我国部分城市房价的无序过快上涨，2010年央行会同银监会印发《关于完善差别化住房信贷政策有关问题的通知》（银发〔2010〕275号），严格要求各商业银行在居民贷款购房中控制好首付款比例及贷款利率这道关口。但2011年，金融危机期间投资热潮引发的通货膨胀和房价高涨现象愈演愈烈，央行随之实施了紧缩型货币政策。2011年共6次提高存款准备金率，每次0.5个百分点；共3次提高存贷款基准利率，每次0.25个百分点。由于对行业间经济差异考虑较少，此举在对通胀和房价起到抑制作用的同时，引发了温州民企破产潮、整体经济下滑以及国进民退等一系列严重的问题。同年12月，央行又再次下调存款准备金率0.5个百分点。央行在面对经济中行业差异时很难决策，一方面运用紧缩型货币政策会使刚刚回暖的行业再次陷入谷底；另一方面继续扩张型货币政策又会使经济过热，这就是货币政策行业效应和统一货币政策之间的"错位现象"，即行业发展的不平衡和统一货币政策之间的矛盾。

货币政策行业效应和统一货币政策之间的矛盾还表现在行业内部。在我国，有些行业的口径过于宽泛，致使行业内部的次级行业对统一货币政策的反应差异很大。以制造业为例，制造业行业大类中包括28个次级行业，这些次级行业由于其自身行业特征对同一货币政策冲击的表现也各不相同。货币政策是最主要的宏观经济政策之一，其政策特征决定了货币政策主要服务于宏观经济运行。行业间以及行业内部产品属性的不同必然导致统一的货币政策下行业间以及行业内部的货币政策差异效应。

除此之外，货币政策行业效应和统一货币政策之间的矛盾还表现在行业效应导致货币政策和产业政策之间的协调更加困难。由于各个政策工具的功能和侧重点不同，货币政策更侧重于总量调节而产业政策是国家对产业结构部署的调节工具，更侧重于结构调整。货币政策和产业政策由于各自发生作用的渠道相互交错、相互影响，因此货币政策行业效应使货币政策和产业政策之间的配合难度大大增加，甚至还会加大行业之间的不平衡现象。

第二节 货币政策行业效应的实证检验

当前，我国行业之间发展的不平衡问题十分突出，各行业间由于其异质性，对政策的敏感程度不同。以总量调控为主的货币政策作用于不同的行业时，各行业所受的影响也不尽相同。

一 面板数据模型的选择

回顾梳理以往货币政策行业效应的相关研究，实证方法多采用向量自回归模型，即 VAR 模型。然而向量自回归模型有一个显著特点，该特点既是模型被广泛应用的原因，也是随着计量经济学的发展该方法被诟病的原因，即向量自回归模型没有强调经济理论与模型的契合，仅仅从模型与数据的匹配程度上考虑实证方法的科学性。针对 VAR 模型的不足，计量经济学家又提出了面板数据（Panel Data）模型。经济学家普遍接受了面板数据模型的统计思想，并于 20 世纪 50 年代开始将此模型应用于经济学相关研究。面板数据模型又称平行数据模型，该模型的思想方法是把时间序列在空间维度上展开，把时间这一维度引入一维的截面数据中，从而将一维的截面数据扩展成包含时间维度在内的二维结构的数据集合。面板数据模型是在时间序列模型的基础上构建的，因而在很多方面比传统时间序列模型更具优势：第一，扩大了样本容量，在很大程度上减少了多重共线性出现的可能；第二，解释变量与模型中被忽略的变量之间的相关性问题能够得以解决；第三，个体的异质性可以被控制。

较之货币政策区域效应的研究，我国货币政策行业效应的实证研究面临着数据少、时间跨度短等问题，如果继续使用前文所使用的 VAR 模型，不能满足大样本的要求，实证结果的科学有效性则无法保证。如果选择运用面板数据模型进行实证研究，既可通过增加样本有效解决时间跨度短的问题，又可在控制行业本身固有的行业特征（资金周转速度、平均行业规模等）的基础上，清晰地比较货币政策对不同行业经济的影响。因此，本部分选取面板数据模型进行相关实证研究。和向量自回归模型一样，数据的平稳性是实证检验有效的重要保障，因此本节依然延续前文的做法，首先进行单位根检验来确保数据的稳定性，随后通过计量模型来对变量之间的内在关系进行量化考察。

二　变量的选取

目前国内对货币政策行业差异效应的研究，研究对象标准各异。戴金平、金永军（2005）按照三次产业的划分标准对货币行业效应进行了研究，宁娥（2013）则针对工业内部 31 个行业进行了研究，张妍（2011）以制造业内部 28 个行业为研究对象对货币政策行业效应进行了实证研究。本部分研究的分类依据则是《国民经济行业分类》（GB/T4754—2002），该分类标准于 2002 年 5 月发布实施。考虑到数据的可获得性，对我国货币政策行业效应的实证研究最终选取 2003—2013 年《分类》中的 19 个行业为研究对象。

依据国民经济行业分类，本书选取农林牧渔业、采矿业、制造业、电力燃气、建筑业、交通运输、信息传输、批发零售、住宿餐饮、金融业、房地产业、租赁商贸、科学研究、水利环境、居民服务、教育、卫生、文化和公共管理 19 个行业总产值作为代理指标，分别记作：y_ nonglinmuyu、y_ caikuangye、y_ zhizaoye、⋯、y_ wenhua、y_ gonggongguanli。货币政策冲击变量选取上一章货币供给方程估计得到的扩张型货币供给冲击和紧缩型货币供给冲击，记为 M_{pos}/M_{neg}。物价水平从来都是央行重点监控对象，因此，方程中引入居民消费物价指数指标用 cpi 表示。引入各行业固定资产投资额作为控制变量，分别记作 k_ nonglinmuyu、k_ caikuangye、k_ zhizaoye、⋯、k_ wenhua、k_ gonggongguanli。样本期间为 2003—2013 年，各变量均选取年度数据，数据来源于 2004—2014 年《中国统计年鉴》。为了减少建模过程中可能出现的异方差问题及量纲的影响，实证检验之前需要对数据进行取对数处理，处理之后各行业产值的对数和各行业固定资产投资对数记为以下名称：lny_ nonglinmuyu、lny_ caikuangye、lny_ zhizaoye、…、lny_ wenhua、lny_ gonggongguanli 和 lnk_ nonglinmuyu、lnk_ caikuangye、…、lnk_ wenhua 和 lnk_ gonggongguanli。本节利用《分类》中的 19 个行业 2003—2013 年十年的面板数据（实际观察值 190 个），实证分析货币政策冲击对国民经济各行业产值的影响。各变量的描述性统计如表 6－1 所示。

表 6－1　　　　　　　　　变量的描述性统计分析

变量		均值	中位数	最大值	最小值	标准差	观察值
被解释变量	y	18197. 30	9407. 12	173152. 3	669. 1	26094. 89	190
解释变量	Mp	0. 0187	0. 000999	0. 114377	0	0. 028372	190
	Mn	－0. 0187	－0. 00786	0	－0. 18346	0. 03504	190
控制变量	k	10862. 0	3084. 9	147705. 0	90. 2	22400. 19	190
	cpi	102. 9	102. 6	105. 4	99. 3	1. 975	190

资料来源：相关数据经 Eviews 6.0 计算得出。

三　面板数据实证分析

1. 单位根检验

在使用时间序列分析方法时，必须保证时间序列的平稳性。而大多数经济数据均为非平稳数列，因此在回归前需要对平稳性进行检验。本部分仍采用 Dickey - Fuller（ADF）单位根检验方法，软件使用 Eviews 6.0，各变量的平稳性检验结果如表 6 - 2 所示。一般情况下，单位根检验从水平序列（level）开始，之后依顺序进行一阶差分、二阶差分，直到时间序列呈现平稳状态为止。经处理，D（lny）和 D（lnk）均为一阶单整序列。所有变量均在 5% 的显著性水平下拒绝了原假设，说明各个变量都满足稳定性要求。

表 6 - 2　　　　　　　　　　　　各变量单位根检验

Null Hypothesis：Unit root（individual unit root process）				
Series：lny_ nonglinmuyu、…、lny_ gonggongguanli，cpi，				
lnk_ nonglinmuyu、…、lnk_ gonggongguanli				
Automatic selection of lags based on SIC：0 to 1				
Method	Level		1st differfece	

Method	Statistic	Prob. **	Statistic	Prob. **
ADF – Fisher Chi – square	31. 5285	0. 3908	98. 2601	0. 0000
ADF – Choi Z – stat	8. 1366	0. 6574	– 6. 7749	0. 0000

注：＊＊代表在5%的显著水平下拒绝原假设。

2. 面板数据协整检验

协整检验是考察变量间长期均衡关系的检验方法。计量经济学上认为，尽管单个序列都为非平稳序列，但是如果两个或者两个以上的这些非平稳序列之间存在某个线性组合呈现平稳序列，则称序列间具有协整关系。由上一步的单位根检验可知，序列都是一阶单整序列，说明序列间具有协整关系，可以进行下一步检验。在 Eviews 6.0 中对各变量序列进行协整关系检验，结果见表 6 – 3。需要说明的是，由于本书中货币政策被分解为扩张型货币政策和紧缩型货币政策，在此仅以扩张型货币政策的检验为例做以说明，紧缩型货币政策检验方法相同不再赘述。

表 6 – 3 表明，在 1% 的显著性水平面板数据拒绝原假设接受备择假设。可以得出，2003—2013 年十年间我国 19 个行业的年产值和扩张型货币政策冲击之间存在协整关系，可以符合做面板数据的回归模型的条件。

表 6 – 3　　　　　　　　变量协整关系检验结果

	t – Statistic	Prob.
ADF	3. 255064	0. 0006
Residual variance	0. 161092	
HAC variance	0. 190413	

3. 模型设定形式的检验

由于本章以 19 个行业 10 年数据为样本进行研究, 样本容量不是太大, 因此本书没有选用目前虽然热门, 但对样本量要求较高的广义矩阵（GMM）和系统广义矩阵（Sys - GMM）等方法, 而是选用了基本的模型为分析方法。

一般情况下, 面板数据模型的选择过程包括两个步骤: 一是模型影响形式的检验, 即首先需要明确模型是混合效应模型还是固定效应模型, 其次检验模型是混合效应模型还是随机效应模型; 二是模型参数形式的设定, 即截面成员之间模型参数 α、β 是否相同。

实证分析中, 一般采用 F 检验来完成混合效应模型和固定效应模型的选取。F 检验的基本思想是, 在个体效应不显著时假设模型中不同个体的截距项之间无差异, 即原假设 H_0 设定为 "模型中不同个体的截距项相同", 即可建立混合估计模型。混合效应模型和随机效应模型的比较可以通过 LM 检验来完成。而固定效应模型和随机效应模型的选取实证分析中, 一般采用 Hausman 检验判断。实证过程中较为流行的经验判断方法是: 随机效应模型适用于观测对象是从大样本中随机抽取的一部分, 并且希望通过该部分对样本中其他个体的情况进行推测; 而固定效应模型适用于观测对象涵盖了样本的大多数或者全部, 因为即使从部分结果推测全部结果, 结论也被限制在横截面个体上。本书所用面板数据的截面成员包括了我国所有行业, 因此从理论上来讲固定效应模型比较适合本书数据类型。在此仅以扩张型货币政策的检验为例做以说明, 紧缩型货币政策检验方法相同不再赘述。本部分 Hausman 检验结果如表 6 - 4 所示。

由 Hausman 检验结果可知, 检验拒绝原假设而接受备则假设, 即该模型是固定效应模型。下面对模型形式进行确定。实证过程中对模型形式的确定, 通常是通过 F 统计量检验方法来实现的。原假

表6－4　　　　　　　面板数据模型的 Hausman 检验结果

Test Summary	Chi – Sq. Statistic	Chi – Sq. d. f.	Prob.
Cross – section random	56. 9027	3	0. 0000
Cross – section random effects test comparisons:			
Variable	Fixed	Random	Var（Diff.）	Prob.
Mp	1. 095528	1. 127639	0. 000156	0. 0000
Lnk	0. 657302	0. 634241	0. 000081	0. 0102
cpi	－ 0. 013680	－ 0. 013085	0. 000006	0. 0000

设为 H_1: $\beta_1 = \beta_2 = \cdots = \beta_N$

H_2: $\alpha_1 = \alpha_2 = \cdots = \alpha_N$, 在假设 H_2 下, 检验统计量 $F_2 = \beta_1 = \beta_2 = \cdots = \beta_N$

$\dfrac{(S_3 - S_1)/[(N-1)(k+1)]}{S_1/[NT - N(k+1)]}$ 服从自由度为 $[(N-1)(k+1)$, $N(T - k - 1)]$ 的 F 分布。如果接受假设 H_2, 则模型为不变参数模型, 即各横截面对象估计参数相同, 检验结束; 若拒绝假设 H_2, 则继续对 H_1 进行检验, 在 H_1 假设下, $F_1 = \dfrac{(S_2 - S_1)/[(N-1)k]}{S_1/[NT - N(k+1)]}$ 服从自由度为 $[(N-1)k$, $N(T - k - 1)]$ 的 F 分布, 如果接受假设 H_1, 则模型为变截距形式, 如果拒绝假设 H_1, 则模型为变系数形式。其中, N 表示截面长度, T 表示时间序列长度, K 表示解释变量个数。S_1 为变系数模型的残差平方, S_2 为变截距模型的残差平方和, S_3 为不变系数模型的残差平方和。

由上述检验方法可知, 首先在 Eviews 6.0 中对三种模型进行回归得到变系数模型的残差平方和 $S_1 = 17.17$, 变截距模型的残差平方和 $S_2 = 43.76$, 不变系数模型的残差平方和 $S_3 = 216.44$, 然后根据上面介绍的 F 统计量计算方法, 其中 $T = 10$, $N = 19$, $K = 3$。通过计算:

$$F_2 = \frac{(S_3 - S_1)/[(N-1)(k+1)]}{S_1/[NT - N(k+1)]} = 18.376$$

$$F_1 = \frac{(S_2 - S_1)/[(N-1)k]}{S_1/[NT - N(k+1)]} = 3.278$$

查 F 检验表可知，$F_2 > F(72, 114)$，所以拒绝假设 H_2；另外因为 $F_1 > F(54, 114)$，所以也拒绝假设 H_1。检验结果显示，实证分析应该采用固定效应变系数模型。紧缩型货币政策 F 统计量检验与扩张型货币政策检验方法相同结果类似，在此不再重复表述。因此，最终确定模型形式为：

$$D(\ln Y_{it}) = \alpha_i + \beta_{1i}(M_p)_{it} + \beta_2 D(\ln K)_{it} + \beta_3 D(cpi)_t + u_{it} \quad (6-1)$$

$$D(\ln Y_{it}) = \alpha_i + \beta_{1i}(M_n)_{it} + \beta_2 D(\ln K)_{it} + \beta_3 D(cpi)_t + u_{it} \quad (6-2)$$

其中 $i = 1, 2, 3, \cdots, 19$，$t = 1, 2, 3, \cdots, 10$

4. 回归结果

根据以上分析，本书运用最小二乘法（OLS）对模型（6-1）和模型（6-2）进行回归。由于本书主要考察的是各行业对扩张型货币政策和紧缩型货币政策的反应，因此，在模型设定时将 M_p/M_n 的系数设定为可变的，其他变量系数则保持不变。回归估计结果整理如表 6-5 所示。

表 6-5　　　　　扩张型货币政策面板数据模型估计结果

行业	Mp 系数估计值	t 统计量	概率 P
农林牧渔业	0.2953	0.3725	0.071
采矿业	0.6694	0.3592	0.072
制造业	1.0623	0.1329	0.089
电力燃气	0.3417	0.3571	0.072
建筑业	0.7574	0.2178	0.083
交通运输	0.5986	0.1721	0.086
信息传输	-1.0960	-0.3152	0.753
批发零售	0.6930	0.3152	0.075
住宿餐饮	0.9963	0.2864	0.077
金融业	0.8929	0.2958	0.097
房地产业	1.1985	0.4881	0.062

续表

行业	Mp 系数估计值	t 统计量	概率 P
租赁商贸	0.6416	0.1844	0.085
科学研究	−0.9964	−1.4365	0.1527
水利环境	0.5667	0.4505	0.065
居民服务	0.0881	0.0253	0.097
教育	−0.1544	0.6195	0.536
卫生	−0.3548	−0.9647	0.336
文化娱乐	0.6146	0.1767	0.085
公共管理	0.0651	0.3062	0.076
R^2	0.9142	Adjusted R^2	0.8945
F 统计量	46.22	DW 统计量	1.7952

由表 6-5 可知，我国各行业产值和扩张型货币政策总体上呈现同向反应，货币政策行业效应确实存在。由面板数据回归结果可知，在我国国民行业分类的 19 个行业中，有 15 个行业通过了模型的显著性检验。R^2 值为 0.9142，修正后 R^2 为 0.8945，DW 统计量为 1.7952。模型回归结果显示各项统计结果良好，说明模型拟合较好。

从各行业产值对扩张型货币政策的反应系数来看，各行业具有显著的差异性。15 个通过显著性检验的行业扩张型货币政策的反应系数均值为 0.6321，说明在其他经济条件不变的情况下，扩张型货币政策每提高 1 个百分点，行业产值将提高 0.6321%。该结果说明我国扩张型货币政策的实施会提高行业产值，符合扩张型货币政策的目的。从回归结果还可以看出，我国扩张型货币政策具有行业效应，各行业反应程度不一。15 个通过显著性检验的行业中，制造业以及房地产业反应系数大于 1，说明扩张型货币政策实施时，该行业产值增幅大于货币政策的变化幅度。行业产值受扩张型货币政策影响较大的行业还有住宿餐饮业和金融业。行业产值受扩张型货币政策影响较小的行业有农林牧渔业、居民服务业和公共管理业。对于信息传输业、科学研究业、教育行业和卫生行业这四个没有通过模型显著性检验的行业，说明其产值对扩张型货币政策不敏感，可能是由于这些行业自身具有刚性，其需求、产量或者价格等在短期内很难受到来自货币政策等外因的影响，从而在模型中表现为没有通过显著性检验，扩张型货币政策影响不显著。

表 6 - 6 紧缩型货币政策面板数据模型估计结果

行业	Mn 系数估计值	t 统计量	概率 P
农林牧渔业	- 0.3559	0.3535	0.072
采矿业	0.2335	0.3200	0.118
制造业	- 1.9262	0.2351	0.081
电力燃气	- 1.6361	0.4848	0.021
建筑业	- 1.3714	0.2724	0.038
交通运输	- 0.9748	0.1856	0.039
信息传输	0.8141	0.3391	0.196
批发零售	- 1.5571	0.2288	0.081
住宿餐饮	- 1.7926	0.0721	0.059
金融业	- 0.6176	0.1170	0.063
房地产业	- 1.2197	0.0538	0.021
租赁商贸	- 0.7481	0.0591	0.001
科学研究	0.8129	0.3282	0.178
水利环境	0.1141	- 0.1969	0.791
居民服务	- 0.1573	0.0290	0.054
教育	0.2074	0.1813	0.559
卫生	1.2931	0.0554	0.224
文化娱乐	- 0.4765	0.0949	0.032
公共管理	1.7109	0.2489	0.422
R^2	0.9313	Adjusted R^2	0.9169
F 统计量	56.96	DW 统计量	1.6778

由表 6 - 6 可知，我国各行业产值和紧缩型货币政策总体上是同向反应的，但存在货币政策行业效应，各行业对紧缩型货币政策反应各异。紧缩型货币政策面板数据回归显示，在我国经济 19 个行业中有 12 个行业通过了模型的显著性检验，模型拟合较好。

由以上分析可知，我国各行业产值对紧缩型货币政策的反应系数差异较大，说明我国存在显著的货币政策行业效应。12 个通过显著性检验行业的紧缩型货币政策反应系数均值为 - 1.06944，说明紧缩型货币政策每提高 1 个百分点，行业产值将降低 1.07%。我国经济中有 12 个行业通过了模型的显著性检验，通过显著性检验的行业产值对紧缩型货币政策的反应系数均为负，说明与货币政策目标一致。采矿业、信息传输、科学研究、水利环境、教育、卫生以及公共管理七个行业没有通过模型显著性检验，说明以上七个行业对紧缩型货币政策不敏感。这些行业产值不仅与货币政策相关，还与项目周期、税收政策、政策支持以及国家政策导向等影响有关，货币政策只是诸多影响因素之一。行业产值受紧缩型货币政策影响较大的行业有制造业、批发零售业和住宿餐饮业等。另外，房地产业受紧缩型货币政策影响没有预期大，可能与房地产行业利润率较高有关。从面板数据模型的结果可以直观地看出，无论是在扩张型货币政策还是紧缩型货币政策影响下，国民经济行业分类中的 19 个行业对货币政策的反应系数均存在很大差异，实证结果显示我国货币政策行业效应确实存在。

第三节　我国货币政策行业效应的形成原因

一　行业贷款率

Bernanke 和 Gertler（1995）认为，从微观层面来说，货币政策的信贷渠道中有两个关键的财务变量，即企业规模和企业贷款率。也有不少研究人员通过实证分析得出，行业对银行贷款的依赖程度越高与该行业对货币政策的敏感程度成正比。在扩张型货币政策下，企业或者行业资产价格上升，财务杠杆比例得到改善，融资成本变低，行业产值变大；另外从金融摩擦相关理论可知，贷款率越高的行业受金融摩擦也就越大。因为行业贷款率高意味着行业内的企业违约的可能性就高，银行为该行业提供信贷就会面临更高的信贷违约风险，银行自然会要求更高的信贷利率作为补偿。反之，在紧缩型货币政策下，银行也会首先收缩违约风险高的行业的信贷，加之这些行业对银行信贷的依赖程度又比较高，所以行业贷款率对货币政策行业效应有直接影响。

二　行业企业平均规模

除了企业贷款率以外，另一个对货币政策传导有重要影响的因素就是企业规模。对于银行来说，大企业由于其抵押物质量好、企业运营机制相对成熟完善以及大部分拥有国有企业背景的因素，在长期的业务往来中已经建立了良好的信誉；相比之下小企业所受的流动性约束强、信息不对称情况严重，从银行信贷获得的可能性比大企业小得多。另外，大企业由于自身资金实力雄厚，更容易从股市和债券市场获取直接融资，因此，企业平均规模大的行业对货币政策的敏感度较之企业平均规模小的行业要低得多。另外，根据金融加速器的相关理论，小企业所面临的金融摩擦经过加速放大最终会导致紧缩型货币政策对企业平均规模小的行业产生的影响要远远大于企业平均规模大的行业，因此我国货币政策行业效应的产生可以从行业企业平均规模得到一定的解释。

三　价格形成机制

从理论分析来说，货币政策行业效应的产生应源于货币政策在行业间的传导机制不同，而行业间不同的传导机制则是由行业各自的特性所决定的，如行业贷款率、行业平均企业规模和行业竞争程度等。在实际经济中，制造业、建筑业、交通运输、房地产业等行业由于其运营所需资金中贷款比率较高，因此这些行业对银行的依赖程度较高，从理论上讲应该受货币政策影响较大。但是本部分实证显示，在紧缩型货币政策下除了这些行业表现出较大影响外，交通运输业、批发零售业、住宿餐饮业以及文化娱乐业等行业贷款率并不高的行业所受影响也较大，对货币政策反应敏感。可见，仅从行业贷款率或者资本密集度角度很难对货币政策行业效应作出完全的解释。

实际上影响行业总产值的除了产量这个因素以外，另一个重要的因素就是价格。我国由于长期处于经济体制转型阶段，价格形成机制的改革尚未彻底完成，商品的价格形成机制具有典型的二元结构，即计划价格形成体制和市场价格形成机制并存。由此造成的不同行业商品价格的市场化程度存在明显差异，这是除了行业贷款率、行业企业平均规模以外，造成我国货币政策行业效应存在的另一个重要原因。在实施改革开放之前，我国实行的是计划经济体制下的价格形成机制，即社会上所有商品包括劳务的价格全部由政府决定，其他任何机制不得对价格进行调整。这种僵化的管理体制极大阻碍了社会生产力和国民经济的发展，对我国经济社会发展造成了极大的影响。面对此种不利局面，党的十一届三中全会决定对我国进行价格体制改革。此次价格体制改革以大幅度提高主要农副产品收购价格为起点和工作重心，先后对我国商品价格形成机制进行了六次调整。其间，我国经济一直实行计划价格与市场价格并存的双轨制。随着我国经济运行中"计划经济"的比例不断萎缩，"市场经济"的比重不断增加，直到1992年"建立社会主义市场价格体制"的目标才最终得以确立。尽管改革开放的30多年间，我国的价格改革取得了许多实质性的进展，严重扭曲的价格形成机制得到明显改善，但是，我国价格形成机制与成熟的市场机制之间仍存在较大距离。

当前，我国计划价格形成机制与市场价格形成机制并存的价格形成机制，是我国经济转型期一个特殊现象并将长期存在。目前，我国大多数竞争程度高的行业，商品价格则已基本实现市场定价。而我国许多国民经济命脉行业如电力、燃气及水生产供应、能源行业、交通运输、通信业及金融业等还处于行政性垄断局面，这些行业关乎国家经济基础，具有重要的战略意义，其产品定价以国家定价为主。当这些行业的定价低于市场价格水平时，就会出现"政策性亏损"，最后由政府用财政性补贴对这些行业所形成的亏损集中进行核销。正是由于政府会对政策性亏损进行埋单，最终造成这些行业对紧缩型货币政策十分不敏感。尽管央行提高利率来收缩银根，但融资成本的增加并不会影响这些行业的投资和生产，紧缩型货币政策发挥不了预期的效用。相比之下，商品价格由市场机制决定的行业，会根据货币政策调整自身的生产经营行为，对于货币政策变动反应灵敏。实证结果显示，制造业、建筑业和批发零售、住宿餐饮等非垄断行业的确受紧缩型货币政策影响较大，在扩张型货币政策下由于无法像垄断行业那样轻易获得银行信贷资源，因而受扩张型货币政策影响较小且反应存在滞后期。现实行业差异符合理论解释，我国转轨期计划价格和市场价格并存的二元价格形成机制是我国货币政策存在行业差异效应的重要原因。

四　出口依存度

当一个国家参与国际市场时，该国的经济状态就是开放的。对于任何一个开放经济体而言，传统经济状态下的货币政策传导机制中就增加了非常重要的一项，即货币政策的汇率传导渠道。当国家货币政策发生调整时，汇率也会相应地发生改变。由于国民经济各行业对外出口依存度不尽相同，当汇率发生改变时各行业产值自然随之发生变化。对于货币政策影响效果而言，不同的行业对外依赖程度不同，受到汇率变化的影响也各不相同，进而导致货币政策行业效应也不完全相同。出口交货值指标可以在一定程度上反映出各行业出口依存度的高低。由于国家关于行业出口交货值的统计口径与《分类》不完全相同，在此仅选取部分行业做以说明。通过表6-7可以看出，农林牧渔业出口交货值相对较高，因此该行业受货币政策影响也相对大些，制造业的出口交货值占我国出口交货值的绝对比例大，实证分析也显示制造业是受货币政策影响最大的行业之一，相比之下电力、燃气和水的生产供应业出口交货值相对较低，但依然受到货币政策影响，说明对外出口依存度只是货币政策行业效应的众多形成原因之一。

表6－7　　　2014 年 1—3 月全国各行业出口交货值完成情况

行业名称	出口交货值	出口增长率（％）
农副食品加工业	2784.89	12.13
有色金属矿采选业	10.5	29.26
非金属矿采选业	30.12	2.35
纺织服装、服饰业	4570.29	2.26
化学原料和化学制品制造业	3699.23	−0.77
通用设备制造业	4824.68	3.33
电气机械和器材制造业	9117.9	−0.73
计算机、通信和其他电子设备制造业	41914.23	12.02
电力、热力生产和供应业	79.27	−6.74
燃气生产和供应业	29.88	21.60
水的生产和供应业	30.55	4.31

资料来源：中经产业研究所（www. zjcyyjs. com）。

第四节　本章小结

本章从行业角度对我国转轨时期货币政策差异效应进行了实证检验。沿用之前的做法，首先，从我国行业发展不平衡现状的描述出发，发现我国货币政策的制定实施与行业结构优化发展之间存在十分突出的矛盾。其次，根据行业的异质性特征，选取我国国民经济行业划分标准中的 19 个行业 2003—2013 年的相关数据，运用面板数据计量模型实证方法，研究对比我国各个行业对扩张型货币政策和紧缩型货币政策的差异效应。研究结果显示，我国货币政策影响效果存在十分显著的行业效应。具体来说：（1）受扩张型货币政策影响较大的行业有制造业、房地产业、住宿餐饮业和金融业；受紧缩型货币政策影响较大的行业有制造业、交通运输业、批发零售业和住宿餐饮业等。（2）无论是扩张型货币政策还是紧缩型货币政策，都有个别行业没有通过显著性检验，可能原因一是这些行业自身具有刚性，其需求、产量或者价格等在短期内很难受到来自货币政策等外因的影响；二是这些行业产值不仅与货币政策相关，还与项目周期以及税后政策、政策支持等影响有关，货币政策只是诸多影响因素之一。（3）深入剖析行业效应的产生原因可知，行业贷款率、行业企业平均规模以及行业对外贸易的依存度等因素只能部分解释实证结果，而我国改革开放以来"计划—市场"二元价格形成机制或许可以从行业效应的产生原因上作出补充。

第七章　转轨时期我国货币政策不同性质企业效应分析

第一节　不同性质企业发展不平衡和货币政策之间的冲突

一　我国不同性质企业发展的不平衡现状描述

改革开放以来，我国经济体制进行了一系列改革，在重点领域和经济的关键环节，我国一直在改革和稳定、政府和市场、经济增长和社会发展等方面寻求平衡，力争破除制约经济发展的体制机制障碍、促进经济发展方式转变，推动经济社会全面协调可持续发展。尤其是在推动经济结构的调整、促进全面可持续发展方面，我国政府做出了大量努力：推进国有企业股份制改革构建现代企业制度、落实鼓励引导民间投资的政策措施、制定公开透明的市场准入标准和支持政策、出台中小企业服务体系建设指导意见等。在我国经济体制改革的不断推进下，我国国有企业生产效率不断提高，与此同时大批非国有经济得到了迅速的发展，股份制企业、个体私营企业、外商投资企业等多种形式的非国有经济产值不断升高，甚至已经超过了国有企业产值，对经济增长的贡献也逐渐升高，见图7-1。

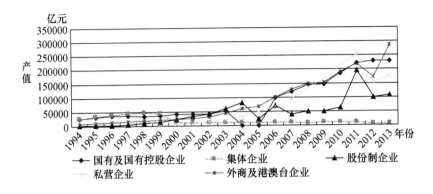

图 7 - 1 1994—2013 年我国各种性质企业产值变动情况

资料来源：依据《新中国 55 年统计资料汇编》及《中国统计年鉴》（2014）整理
得出。

从不同经济类型企业创造的工业产值所占的比重来看，我国国
有企业、集体企业产值占比不断降低而股份制企业、个体私营企
业、外商投资企业产值比重迅速上升。图 7 - 2 是 20 年来我国不同
性质企业产值占比变动情况。

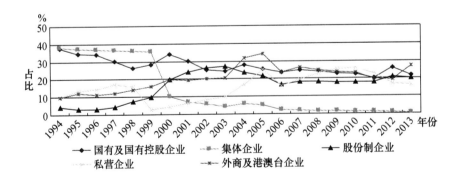

图 7 - 2 1994—2013 年我国各种性质企业产值占比变动情况

资料来源：依据《新中国 55 年统计资料汇编》及《中国统计年鉴》（2014）整理
得出。

从图 7 - 2 可知，1994 年我国国有及国有控股企业总产值占全

国总产值的比重为 37.77%，集体企业占全国总产值的比重为
38.16%，而股份制企业、个体私营企业、外商投资企业等非国有
经济体企业总产值之和仅占全国总产值的 25% 左右；到了 2004 年，
国有及国有控股企业总产值占全国总产值的比重下降到 27.94%，
集体企业占全国总产值的比重下降到仅为 5.72%，股份制企业、个
体私营企业及外商投资企业占全国总产值的比重分别上升为
23.65%、16.69% 和 31.79%；到了 2013 年，国有经济占比进一步
下降，国有及国有控股企业和集体企业占比分别下降为 21.66% 和
0.58%，股份制企业、个体私营企业、外商投资企业等非国有经济
体企业产值占比则基本不变，略有调整。另有资料显示，当前我国
中小企业个数已占到全国企业个数的 99% 以上，全部就业人数中有
70% 以上在中小企业工作，全国 50% 以上的税收收入和新增工业产
值则也是由非国有经济体的中小企业创造。

　　与非国有经济体对我国巨大经济增长和就业、税后等方面作出
的巨大贡献形成对比的是，我国非国有经济体在市场环境、资源分
配以及制度等方面承受着很大的不平等问题，不同性质企业间的歧
视现象十分严重。由于国有经济体多处于行政性垄断行业和领域，
国有经济体既是制度的制定者，又是制度的执行者。在垄断利益的
驱使下，国有经济体依靠手中的行政权力，使资源配置和政策制定
都在不同程度地向国有经济倾斜，从而在经济运行中享受着主体地
位。为了应对此类现象，2005 年国务院出台了《关于鼓励支持和引
导个体私营等非公有制经济发展的若干意见》，希望为我国非公有
制经济的发展提供一个相对宽松的环境，使其继续为我国经济的发
展做出贡献。《意见》指出：竞争性产业都允许民营资本进入；已
经和将要对外资开放的产业都对内资民营经济开放；允许非公有资
本进入垄断行业和领域。然而现实情况是，许多市场的进入条件对
民营资本来说仍然高不可攀，再加上我国财政收入以及信贷等方面
没有相应的配套政策措施，最终该意见的实施效果并不尽如人意。

　　除了规章制度之类的限制因素以外，制约我国与非国有经济体

发展的另一个重要因素就是金融资源的稀缺性。我国非国有经济发展面临的融资难现象十分严重。国有经济体由于其资金实力雄厚、具有国有背景以及长久以来和商业银行建立的信誉，可以较轻易地从商业银行获得信贷资源。另外，国有经济体融资渠道多元化，除了商业银行的信贷支持还可以从直接融资市场获取资金。相比之下非国有经济体获取资金的渠道相对单一，对商业银行具有较高的依赖性，而商业银行却偏好于向国有企业提供信贷资源，结果就是非国有经济体能获得的信贷资源少之又少。特别是在货币政策紧缩时期，非国有经济体能从商业银行获得的贷款可谓寥寥无几，为了维持发展只能诉诸融资成本更高的非正规金融组织。从税收政策来看，我国非国有经济的税率也远高于国有经济。从而造成企业的经营成本比国有经济体高得多，非国有经济体的发展缓慢而艰难。为了应对 2009 年席卷全球的金融危机，我国政策实施了"四万亿"的"天量"投资计划，但是从最终公布的涉及投资项目的企业性质来看，国有企业获得了绝大多数的投资资金和项目，涉及民营企业的项目和资金仅有 10% 左右。这一结果从另一个侧面说明了我国不同性质企业的生存发展环境不公平和发展不平衡现象。

二 与货币政策之间的矛盾

当前，我国正处于计划经济向市场经济过渡的转轨时期，各项体制的改革没有完全进入成熟阶段，同时又面临危机后经济结构调整时期，使当前我国经济面临前所未有的复杂局面。货币政策作为宏观调控政策中最核心的组成之一，在体制转轨、结构调整方面的重要性自然不言而喻。但由于我国国有企业与非国有企业在各项制度、资源分配以及政策倾向等方面的差异，使我国不同性质企业面对的环境约束并不相同，导致我国货币政策冲击在不同性质企业间的反应具有很大差异，严重影响了货币政策有效性，妨碍了我国经济的平稳快速增长。

中国人民银行对此现象高度重视，并且使用了多项措施引导金融资源在不同性质企业间均衡分配。1999 年和 2002 年中国人民银行分别印发了《关于加强和改进对小企业金融服务的指导意见》（银发〔1999〕379 号）和《关于进一步加强对有市场、有效益、有信用中小企业信贷支持的指导意见》。在存款准备金工具的应用方面，中国人民银行对国有大型金融机构实行更高的准备金要求，在上调存款准备金率时对中小金融机构不做要求。这是由于我国非国有企业和中小企业获得资金的渠道往往是中小金融机构，这种差异化准备金率的做法体现了央行促进不同性质企业协调发展的政策意图。2010 年 6 月，央行会同银监会等部门出台《关于进一步做好中小企业金融服务工作的若干意见》（银发〔2010〕193 号），《意见》针对中小企业信贷管理工作提出了多项要求，要求完善中小企业信贷服务的金融体系、拓宽中小企业的融资渠道、加强中小企业的信贷管理创新以及加快中小企业的信用体系建设。该文件的出台显示出央行金融支持中小企业的决心，多角度、多渠道的措施并举支持中小企业发展。在贷款利率的限制方面，2013 年 7 月央行宣布取消金融机构贷款利率上下限限制，全面放开利率管制。此举体现风险与收益对等的原则，极大地提高金融机构对中小企业贷款的积极性、鼓励金融机构大力支持中小企业发展。在再贴现工具的运用方面，2013 年 6 月央行增加再贴现额度 120 亿元用于小微企业和"三农"的信贷投放，此举更是集中体现了国务院关于金融支持经济结构调整和转型升级的政策精神。2014 年，央行再次在《中国人民银行办公厅关于做好 2014 年信贷政策工作的意见》（银办发〔2014〕23 号）中明确强调，人民银行和商业银行各分支机构以及各金融机构务必做好对"三农"、小微企业、产业结构调整等领域的金融服务，同年央行又印发了《关于开办支小再贷款支持扩大小微企业信贷投放的通知》（银发〔2014〕90 号）。

可以看出，非国有经济体作为我国经济发展和社会就业的主要力量，国家非常重视也试图解决我国货币政策在不同经济体之间反应的差异。纵观我国货币政策的执行历史，我国央行一直尝试运用各种货币政策工具，希望针对不同性质企业的发展不平衡现象，在统一货币政策下各种金融工具可以发挥调节作用。但是从现实经济来看，我国中小企业面临的"融资难"问题依然没有得到有效解决，我国中小企业的发展可谓是举步维艰。我国不同性质企业间的不平衡问题是由体制和制度层面的因素造成的，可谓"根深蒂固"。尽管我国改革的步伐从未停止过，国家也想尽一切办法为中小企业的发展营造有利的氛围，但不可否认的是，各种金融工具毕竟只是总量性货币政策工具的补充，其作用的范围和作用力度仍然有限，难以与我国当前复杂的经济环境和不同性质企业间根深蒂固的不平衡问题相适应。当前，我国总量调控为主的货币政策与不同性质企业间发展的不平衡问题依然突出，已经成为制约我国经济进一步增长、经济结构合理调整的重要"瓶颈"。

第二节　货币政策不同性质企业效应的实证检验

本部分所使用的计量方法与前文类似。通过计量模型，运用我国扩张型和紧缩型货币政策的时间序列，并应用向量自回归（VAR）模型，通过脉冲响应函数对我国扩张型和紧缩型货币政策下不同性质企业间的差异效应进行了实证检验，并对货币政策城乡效应的成因进行了具体分析。

一　变量选取

首先需要对本书中不同性质企业的划分做出说明。由于改革开放以来我国划分企业类型的统计口径不断地发生变化，考虑到数据的可获得性，本书将不同产权结构的企业分为三类，即国有及国有控股企业、非国有企业以及外资企业三大类，以观察货币政策在不同产权结构企业间影响的差异。其中，非国有企业包括集体企业、股份制企业和私营企业，外资企业包括外商投资企业及港澳台商投资企业。为了考察货币政策对不同性质企业的影响，本章选取国有及国有控股企业（State – owned enterprises）、非国有企业（Non – state – owned enterprises）以及外资企业（foreign investment enterprises）三类企业的工业增加值作为经济指标，分别记为 y_{so}、y_{nso} 和 y_f。货币政策冲击变量选取上一章货币供给方程估计得到的扩张型货币供给冲击和紧缩型货币供给冲击，记为 M_{pos}/M_{neg}。金融结构各项贷款余额记为 loan。方程中引入物价水平指标，居民消费物价指数指标用 cpi 表示。由于我国企业性质划分的统计口径不统一，考虑到数据的可得性，实证数据时间跨度选择 1993—2013 年 20 年，各变量均选取年度数据，数据来源于中经网、《新中国 55 年统计资料汇编》和 2005—2014 年《中国统计年鉴》。实证检验之前需要对数据进行取对数处理以消除异方差，处理之后国有及国有控股企业、非国有企业以及外资企业三类企业的工业增加值对数形式记作：lny_{so}、lny_{nso} 和 lny_f，金融机构各项贷款余额的对数记为 lnloan。

二　平稳性检验

在对时间序列模型进行估计前，首先需要对各变量进行平稳性检验。本部分采用 Dickcy – Fuller（ADF）单位根检验方法，软件使用 Eviews 6.0，各变量的平稳性检验结果如表 7 – 1 所示。一般情况

表 7 – 1　　　　　　　　　　数据平稳性检验

变量	检验形式（C，T，L）	ADF 检验值	临界值	检验结果
lny_{so}	（c，0，1）	0.198182	– 2.655194	不平稳
lny_{nso}	（c，0，1）	– 0.981720	– 2.655194	不平稳
lny_f	（c，0，1）	– 0.994152	– 2.655194	不平稳
$lnloan$	（c，0，2）	– 0.218839	– 2.655194	不平稳
D（lny_{so}）	（c，0，1）	– 2.891154 *	– 2.660551	平稳
D（lny_{nso}）	（c，0，1）	– 5.207499 ***	– 3.857386	平稳
D（y_f）	（c，0，1）	– 5.568810 ***	– 3.857386	平稳
D（$lnloan$）	（c，0，2）	– 2.763408 *	– 3.857386	平稳

注：（1）检验形式（C，T，L）中的 C、T、L 分别代表 ADF 检验模型中的常数项、时间趋势项和滞后阶数；（2）***、* 分别代表在 1%、10% 的显著水平下拒绝原假设。

下，单位根检验从水平序列（level）开始，之后依顺序进行一阶差分、二阶差分，直到时间序列呈现平稳状态为止。经处理，D（lnloan）和 D（lny_{so}）、D（lny_{nso}）、D（lny_f）均为一阶单整序列。所有变量均在 10% 的显著性水平下拒绝了原假设，说明各个变量都满足下一步 VAR 模型及脉冲响应分析的稳定性要求，可以构建 VAR 模型和进一步运用脉冲响应分析货币政策的不同性质企业差异效应。

三 VAR 模型及脉冲响应分析

为了检验扩张型和紧缩型货币政策对城镇和乡村的影响，构建六个向量自回归（VAR）模型。VAR 模型分别包含变量 D（lny_{so}）、D（lny_{nso}）、D（lny_f）和 M_{pos}/M_{neg}、D（lnloan）、cpi。综合考虑 AIC 以及 SC 信息准则，最终确定模型的滞后阶数为 2 阶。四个 VAR 模型所有的根模倒数都小于 1，即都在单位圆内，说明 VAR 模型均为稳定的，也具备进一步做脉冲响应分析的条件。通过对六个向量自回归模型进行回归，可以得到我国不同性质企业工业总产值增长率分别在紧缩型和扩张型货币政策冲击下的脉冲响应图，如图 7-3 所示。图 7-3 为给定货币政策一个标准差的初始冲击后，对各变量的影响进行 10 个滞后期的系统模拟，实线表示不同性质企业脉冲响应轨迹，重点比对扩张型货币对国有及国有控股企业、非国有企业以及外资企业工业总产值在响应速度和响应深度上的差异。

由图 7-3 可知，我国不同性质企业对扩张型货币政策冲击的响应存在较大差异。其中，国有及国有控股企业对扩张型货币政策冲击反应较为强烈，最大响应出现在第 3 期，响应值为 0.1187；非国有企业对扩张型货币政策冲击的最大响应也出现在第 3 期，但最大响应值为 0.1009，反应强度小于国有及国有控股企业。外资企业从响应速度上比国有及国有控股企业和非国有企业快一些，最大响应出现在第 2 期，但响应幅度却最小仅为 0.0378。其中，非国有企业对扩张型货币政策冲击在第 4 期出现负向响应，响应幅度还较大，抵消了对在第 2、第 3 期出现的正响应，说明我国扩张型货币政策

对非国有企业工业总产值的拉动作用不大。不同性质企业对扩张型
货币政策的响应在第 4 期以后均出现不同程度波动，扩张型货币政
策对国有企业的作用时间较长，但不同性质企业的冲击响应最终均
趋于收敛。将不同性质企业对扩张型货币政策冲击响应分析的其他
信息归纳如下：

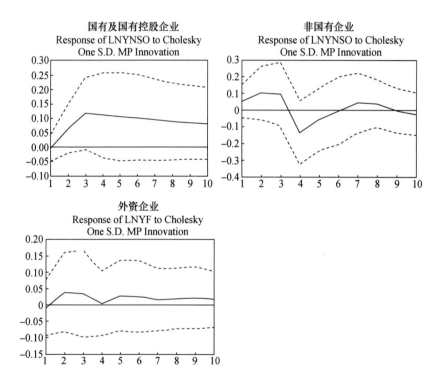

图 7 - 3　扩张型货币政策冲击的不同性质企业脉冲响应

扩张型货币政策	最大响应出现时期	最大响应值
国有及国有控股企业	3	0.1187
非国有企业	3	0.1009
外资企业	2	0.0378

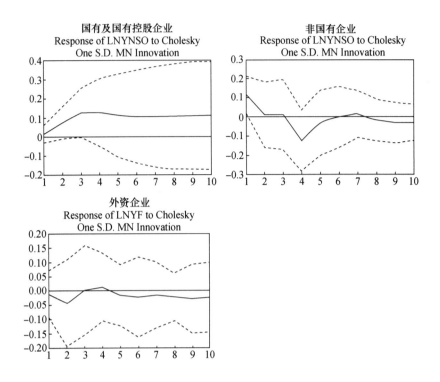

图7-4 紧缩型货币政策冲击的不同性质企业脉冲响应

我国不同性质企业对紧缩型货币政策冲击的响应见图7-4。由图7-4可知,给定一个紧缩型货币政策冲击后,我国非国有企业和外资企业总产值都出现负向响应,但国有企业工业总产值没有出现负向响应。从紧缩型货币政策的影响幅度上看,非国有企业总产值受紧缩型货币政策影响较大,负向响应最大值为-0.1259。外资企业对紧缩型货币政策反应较为迅速,在第2期出现负向最大响应值为-0.0428,响应幅度小于非国有企业。从三种不同性质企业对紧缩型货币政策的反应来看,我国国有企业对紧缩型货币政策不敏感,国有企业总产值未受到来自紧缩型货币政策的影响;非国有企业和外资企业均受到来自紧缩型货币政策的影响,外资企业反应较快但非国有企业受影响较大。尽管紧缩型货币政策对三种不同性质企业影响时间均较长,但长期中最终都趋于零值。将不同性质企业对紧缩型货币政策冲击响应分析的其他信息归纳如下：

紧缩型货币政策	最大响应出现时期	最大响应值
国有及国有控股企业	3	0.1253
非国有企业	4	− 0.1259
外资企业	2	− 0.0428

四　检验结果分析

由本部分实证检验可知，我国货币政策在不同性质企业间确实存在差异效应。总的来说，扩张型货币政策对不同性质企业总产值均有正向影响，国有及国有控股企业受扩张型货币政策影响最大，外资企业对扩张型货币政策反应最为迅速。紧缩型货币政策对非国有企业和外资企业总产值均有负向影响，其中非国有企业受紧缩型货币政策的负向影响更大；国有企业对紧缩型货币政策不敏感，其产值不受紧缩型货币政策影响。我国统一制定、统一实施的货币政策对不同性质企业的影响效果存在较大差异，严重影响我国货币政策调控经济的效率及有效性。

第三节　我国货币政策不同性质企业间 差异效应的形成原因

我国国有企业与非国有企业在各项制度、资源分配以及政策倾向等方面的差异，使我国不同性质企业面对的环境约束并不相同，在面对相同的货币政策冲击时反应也不尽相同。通过实证检验可知，我国不同性质企业间的货币政策效应具有很大差异。这种差异严重影响了货币政策有效性，对我国经济的平稳快速增长造成了不利影响。因此，探究我国不同性质企业间货币政策差异效应的表现形式和形成原因，对提高我国货币政策的科学性以及有效性都有着积极的现实意义。

一 融资环境不同

在我国当前金融市场二元化结构特征突出、多元化金融体系尚未有效建立的环境下，单从融资环境这一角度来说，我国国有企业与非国有企业的处境就具有很大差别。从商业银行信贷投放角度来说，商业银行在安全性和逐利性的驱使下，更偏向于将信贷资源投向国有企业。原因在于：第一，在国有企业改革的过程中，国有企业逐渐集中于如能源、电力、通信及交通运输等关乎国家经济命脉的行业，这些行业多为政策性、垄断性行业，具有资产规模大、经营效益好等优势，在与商业银行长期的业务往来中已经建立了良好的信誉；第二，国有企业由于其国有背景，其实质是服务于国家的，因此国有企业有时会出现政策性亏损，一旦国有企业的信贷形成不良资产，国家会用财政手段对其进行补偿。因此，相对于非国有企业，将信贷投向国有企业更具安全性。从企业信贷资金来源的角度来看，国有企业由于其政策优势和资金雄厚，融资渠道并不仅仅限于商业银行，还有直接融资市场等渠道可以获取资金；而非国有企业和外资企业的资金来源于银行信贷和外资，在当前国有商业银行占绝对比例、股份制商业银行和非正规金融市场尚在发育阶段这种金融市场结构二元化特征显著的情况下，非国有企业和外资企业融资的难度就更大。

在这种"多的更多、少的更少"的不均衡情况下，我国国有企业与非国有企业面临着完全不同的融资环境。当央行运用紧缩型货币政策时，银行的信贷资源减少，商业银行在信贷资源的收缩顺序上，对非国有企业贷款的收缩会先于国有企业。另外在货币政策紧缩时期，由于国有企业有国家这个资金实力雄厚的后台，因而国有企业和非国有企业在信贷安全性之间的差距会更加明显，商业银行出于安全考虑甚至会加大对非国有企业的收缩来满足国有企业。因此，国有企业往往受紧缩型货币政策影响并不大，而非国有企业和外企的投资则会受到较大影响。反之，当央行使用扩张型货币政策刺激经济时，较之非国有企业，银行信贷资源又会更多地流向国有企业，使国有企业能够更加显著地体现出国家的政策意图。有关统计显示，我国因对金融危机的"四万亿"投资计划中的绝大多数还是流向了国有企业，而真正能够给经济注入活力、拉动经济增长、促进就业的非国有经济体并没有获得信贷的支持，经济危机中受到较大冲击的恰恰是经济发展中最活跃的力量。另据统计，2009 年国家为了减轻金融危机对我国实体经济的冲击，第一季度全国信贷规模总量增加了 4.8 万亿元，与此"天量"信贷规模形成鲜明对比的是当季我国中小企业信贷增加额不足 5%。我国货币政策不同性质企业间差异使央行货币政策制定和实施的难度进一步加大，货币政策有效性难以保证，最终影响我国货币政策对经济总量及经济结构的有效调控。

二　政策环境不同

改革开放以前，我国实行的是计划经济，国家所有物资统一调配，物资生产、资源配置以及产品分配等各方面都是由政府先进行计划。由于几乎所有经济活动都依赖政府的指令性计划，企业没有自主经营的权力，盈亏都由政府负责。这种情况一直维持到 1978 年，我国真正意义上的国有企业改革是从《关于扩大国营企业经营管理自主权的若干规定》的颁布才宣告开始。此后经过了十几年的实践摸索和经验总结，终于在 1993 年《关于建立社会主义市场经济体制若干问题的决定》在党的十四届三中全会上被通过。这是我国首次对国有企业改革的方向做出了明确的指示。此后沿着改革的方向，我国国有企业经过制度创新和对市场经济经营理念的不断学习，逐渐摆脱了效率低下、没有市场竞争力的困境。与此同时，股份制企业和私营企业、外资企业等非国有企业也得到了蓬勃的发展，逐渐成为推动我国经济发展、上缴税收和解决就业的重要力量，甚至逐渐超过了国有企业。

尽管我国国有企业的体制、制度改革取得了巨大成就，但是不可否认的是截至目前我国的国有企业改革不彻底，"政企分开"和

"政资分开"现象从未彻底消除。我国国有企业和非国有企业所处的政策制度环境还存在巨大差异,非国有企业的经营发展依然面临政策上的不平等和制度上的歧视。2005 年《关于鼓励支持和引导个体私营等非公有制经济发展的若干意见》中特别指出,要给我国非公有制经济的发展提供一个相对宽松的环境,竞争性产业、对外资开放的产业以及垄断行业和领域都允许非公有资本进入。但事实上"无形的天花板"现象从未真正消除过。不仅当前非国有企业由于政策上的劣势难以像国有企业一样经营发展,更为不利的是非国有企业现有的发展空间还在逐渐被国有企业侵蚀。此次金融危机对我国来说是一次挑战更是一次机遇,危机后正是经济结构进行调整的最好时机。国家对于产能过剩、效率低下的行业和企业就应予以淘汰,而对于具有创新能力和较强市场竞争力的中小企业则应大力扶持,使我国经济更加多元化,从而增加抵御风险的能力。但事实上在我国经济应对经济危机的过程中,国有企业不但在垄断地位上没有遭受经济危机过多的冲击,还凭借手中的政策优势和资源优势频频涉足竞争性行业和领域,例如,中粮集团入股民营企业蒙牛集团、中钢集团公司收购多家民营钢厂、中化集团收购民营化工厂还涉足房地产行业。这些例子都说明,在我国这样一个经济体制改革尚未完成、仍处于转轨时期的国家,不同性质企业面临的政策环境不同、市场地位不平等,必然导致我国货币政策效应在二者之间完全不同。

三 经营约束不同

长期以来,我国在能源、通信、交通、金融以及军工行业等国家经济命脉行业和关键领域的经营一直由国有企业控制,此类现象从全世界范围来看也并不少见。国有企业在处于垄断地位的同时,也被赋予了很大的社会责任,一直在促进国民经济有序发展、稳定价格、扩大就业以及维持社会经济稳定方面发挥着重要作用。由于国有企业的存在目的并不完全像一般企业那样追逐营利性,国有企业常常为了社会经济稳定或者国家某些发展战略的实现大大降低其盈利水平，使国有企业经常出现政策性亏损。最终，为了维持国有企业的存在以保证其继续发挥在国民经济中的作用，国有企业的政策性亏损将由国家财政通过不良资产剥离、核销或者对国有企业直接注资、债转股等方式消化掉。这样一来，国有企业和国家之间就会出现信息不对称现象，即国家很难搞清楚国有企业的经营状况到底是盈利还是亏损；一旦国有企业亏损出现，更加难以辨别此亏损到底是政策性亏损还是由于国有企业管理者经营不当甚至是管理者道德风险所造成的。一方面，由于国有企业的体制和对管理者的激励机制不相匹配，国有企业极易出现管理者道德风险问题；另一方面，国家不能推卸国有企业政策性亏损的责任但又无法辨别亏损到底是由何种原因造成的，因此最终只能是国有企业的亏损全部由国家和政府埋单。这就是经济学中关于企业经营管理的"软约束"问题。有关统计资料显示，国家财政在1996—2006年这十年间用于各种形式补贴国有企业亏损的资金总额高达3000多亿元。

国家已经充分意识到当下国有企业经营管理体制上的弊端，也正在尝试解决问题。"十五"期间国家就曾明确提出要深化国有企业改革，加大国有企业改革力度，逐步取消国有企业的政策性负担和财政补贴，使国有企业经营中的预算"软约束"问题得到彻底解决。但现实情况是，时至今日我国国有企业的价格倒挂问题、软约束问题依然存在。比如，中石油和中石化两家国有企业巨头2007—2009年两年间整体经营状况良好，企业盈利额巨大，但依然获得政府财政补贴700多亿元。2011年《国有企业的性质表现与改革》报告中数据显示，2001—2008年国有及国有控股企业少支付地租、利息、资源租以及享受亏损补贴等总计是6.47万亿元，该数字远远大于国有及国有控股企业4万多亿元的企业利润总额。与国有企业经营软约束形成强烈对比的是，我国的非国有企业、外资企业等市场经营则面临"硬约束"。非国有企业、外资企业处于完全竞争市场中，没有垄断利润、没有政府补贴、没有政策倾向，更没有任何组织为其亏损埋单，经营约束硬化，约束条件与国有企业有明显差异。中国社会科学院王晓晔教授就曾指出，国内民营企业和国有企业的竞争环境不公平。

国有企业和非国有企业、外资企业间约束机制的不同，造成了我国货币政策效应在不同性质企业间的巨大差异。同样面对紧缩型货币政策，国有企业因为其生产经营的约束是"软约束"，因此，往往不会考虑经营成本和市场风险的变化而调整企业自身的经营策略，而是继续投资扩大生产，紧缩型货币政策几乎在国有企业产值上得不到体现。而非国有企业和外资企业由于没有政府补贴为其经营亏损核销，其生产经营的约束是"硬约束"，因此，市场风险意识和约束意识都大大强于国有企业。非国有企业和外资企业置身于完全竞争市场环境下，其存在的目的就是追求利润最大化，再加上非国有企业和外资企业产权结构和所有制结构明晰，当国家实施紧缩型货币政策导致其经营成本上升时，此类企业会迅速调整其生产经营行为，因而对紧缩型货币政策非常敏感。

第四节　本章小结

本章对我国转轨时期不同性质企业间的货币政策差异效应进行了实证分析。首先，从我国经济发展中出现的国有企业和非国有企业发展两极分化现象出发，发现我国货币政策与不同性质企业发展之间存在严重冲突，货币政策的实施并不利于我国经济结构的优化调整。其次，在 VAR 模型的分析框架上，通过脉冲响应函数考察了我国不同性质企业对扩张型货币政策和紧缩型货币政策的不同效应。最后，从我国转轨进程中经济体制变迁的角度，探寻了我国不同性质企业货币政策差异效应产生的原因。具体研究结果如下：（1）扩张型货币政策对不同性质企业总产值均有正向影响，国有及国有控股企业受扩张型货币政策影响最大，外资企业对扩张型货币政策反应最为迅速。（2）紧缩型货币政策对非国有企业和外资企业产值均有负向影响，其中非国有企业受紧缩型货币政策的负向影响更大；国有企业对紧缩型货币政策不敏感，其产值几乎不受紧缩型货币政策影响。（3）究其原因，我国国有企业和非国有企业在融资环境、政策环境以及经营约束方面有着很大不同。作为我国经济发展最大推动力的非国有企业在融资环境、政策环境等方面均处于劣势，生产经营也面临"硬约束"，这种不公平的环境会影响我国货币政策的调控效率，从而造成我国经济发展面临更大的制约作用。

第八章 结论与展望

第一节 研究总结

本书从我国当前经济在不同层面表现出来的不平衡性和货币政策之间的矛盾出发，从经济体制转轨、结构优化调整的角度研究我国货币政策在经济结构不同层面的差异化效应问题。第八章首先通过构建货币供给方程估计得到了扩张型货币政策和紧缩型货币政策的代理变量，之后分别考察扩张型与紧缩型货币政策在经济结构多个层面的差异效应。综观全书，研究结论可以概括为：我国货币政策差异化效应存在，并且在区域、城乡、行业、不同性质企业等多个层面表现显著。探究我国货币政策差异效应的形成原因：我国经济体制转轨进程中，计划经济和市场经济"双轨"交替共存以及现阶段金融体系不健全、政策安排不合理是我国货币政策差异效应的主要形成原因。我国在进行货币政策调控时应充分考虑货币政策差异化效应问题，积极探索差异化货币政策操作和调控方式创新，从而为我国货币政策差异效应的解决和经济结构调整寻求科学的途径。

本书研究具有重要的理论价值和实践价值。理论上，构建了将结构调整包含在货币政策目标内的货币政策理论分析框架，丰富和完善了现有货币政策理论体系和研究成果。实践上，本书的经验研究将政策冲击分解为正向冲击和负向冲击来对比考察货币政策的差异效应，使研究更为细致、也更具科学性。另外，本书从体制和制度角度对货币政策差异效应的形成原因进行深层次剖析，为货币当局差异化货币政策的制定提供了科学的操作依据和分析思路，也为我国转轨时期以资源错配为症结所在的经济结构调整提供了改革参考。

第二节 结论与创新

一 主要结论

本书的主要研究结论包括以下几个方面：

（1）本书研究发现，我国货币政策具有较强的结构调整功能。经典经济学理论认为，货币政策目标一般由"经济增长、稳定物价、充分就业、收支平衡"四大目标组成，但本书研究发现，我国货币政策承担了很多经济结构调整的任务。本书发现，将结构调整包含在货币政策目标内，能够更加全面地描述我国货币政策的作用效果和内在特征，因此，构建了将结构调整包含在货币政策目标内的货币政策理论分析框架，丰富和完善了货币政策理论体系和研究成果。本书在此基础上以结构化分析的视角，探索了货币政策在经济结构不同层面的差异化影响效果，进一步细化货币政策对经济的影响作用研究。

（2）通过对改革开放 35 年以来我国东、中、西部和东北地区四大区域货币政策的区域效应进行实证检验发现，在实施扩张型货币政策时，经济发达地区能够实现预期增长效果且增长速度较快，中西部经济地区增长幅度和反应速度均低于东部地区，经济落后地区在短期内出现经济增长、中长期扩张型货币政策会使该地区经济增长减速。在实施紧缩型货币政策时，同样是东部地区受影响较大，其次是东北地区，中西部受紧缩型货币政策影响相对较小，且各区域对紧缩型货币政策的反应均有时滞。实证检验结果说明，我国扩张型货币政策会加剧区域经济差异,而紧缩型货币政策有助于缩小区域间的经济差异。在探寻我国货币政策区域效应的形成原因时发现,货币政策区域效应的形成因素大致可分为经济和政治两个方面。经济方面的因素包括区域自身经济发展水平不同、金融发展水平不同、区域产业结构不同和区域间信贷资源的转移;政治方面的因素包括我国非均衡发展战略的实施和大统一的金融调控模式。

(3)在考察我国货币政策城乡效应差异时发现,从影响深度上来看,在扩张型货币政策下,城市地区人均收入增长幅度大于农村地区人均收入增长幅度;在紧缩型货币政策下,农村地区人均收入受货币政策影响幅度却大于城市地区。从反应速度上来看,城镇地区对扩张型货币政策响应更为迅速。从作用时间上来说,紧缩型货币政策对农村地区人均收入的影响则更加持久。实证结果说明,我国现有城乡二元经济体制下货币政策的实施会导致城乡经济差异的扩大。在探究我国货币政策城乡效应的形成原因时发现,城乡金融二元结构是我国货币政策城乡效应的根源,我国改革开放以来实施的城乡非均衡发展战略以及在非均衡发展过程中形成的城乡金融发展水平差异加剧了货币政策城乡效应的产生,因此,要缩小货币政策城乡效应差异需要从根本上改变我国城乡金融二元结构。

(4)在通过面板数据模型考察我国货币政策行业效应差异时发现,受扩张型货币政策影响较大的行业有建筑业、采矿业和电力燃气及水的生产供应业;受紧缩型货币政策影响较大的行业有制造业、电力燃气和水的生产供应业以及农林牧渔业、批发零售业和文化娱乐业;个别行业受货币政策影响不显著。分析我国货币政策行业效应的形成原因可知,行业产品属性、行业贷款率、行业中企业平均规模以及行业的外贸依存度几个方面仅能部分解释实证结果,我国改革开放进程中,计划价格形成机制和市场价格形成机制并存的二元价格形成机制能够在一定程度上对我国货币政策行业效应的形成作出补充解释。

(5)通过考察我国货币政策不同性质企业的效应差异时发现,

扩张型货币政策对不同性质企业总产值均有正向影响，国有及国有控股企业受扩张型货币政策影响最大，而外资企业反应最为迅速；紧缩型货币政策对非国有企业和外资企业总产值均有负向影响，其中非国有企业受紧缩型货币政策的影响较大，国有企业对紧缩型货币政策不敏感，其产值不受紧缩型货币政策影响。由实证检验结果可知，我国货币政策在不同性质企业间的调控有效性有待提高，货币政策并不能起到促进非国有经济发展的调控作用。探究我国货币政策不同性质企业的差异效应形成原因发现，融资环境、政策环境以及经营约束差异等因素是造成货币政策不同性质企业差异效应的原因。作为我国经济发展最大推动力的非国有企业在这些方面均处于劣势，因此在当前的体制和制度安排下，货币政策不同性质企业的效应差异会制约我国经济的进一步发展。

二　主要创新点

本书的创新之处主要包括以下几个方面：

（1）构建了将结构调整包含在货币政策目标内的货币政策理论分析框架，丰富和完善了以经济发展、稳定物价、充分就业和国际收支平衡为政策目标的货币政策理论体系和研究成果。经济结构失衡是制约经济可持续发展的重要因素，经济结构优化调整是当前宏观经济发展的重要目标。现有货币政策传导机制主要把经济增长和物价稳定作为最终分析目标，这种分析范式存在不足，也难以解释货币政策对经济结构的实际作用效果。鉴于此，文章以结构分析为视角，探索了货币政策在经济结构不同层面的差异化影响效果，为我国运用货币政策调控经济运行的相关操作提供了依据。

（2）将政策冲击分解为正向冲击和负向冲击来对比考察货币政策的差异效应，揭示了我国货币政策效应的区域、行业、城乡以及不同所有制企业间的异质性规律。以往相关研究中在对货币政策差异效应进行考察时，分析角度大致可分为横向分析和纵向分析，横向分析即扩张型和紧缩型货币政策的差异效应，纵向分析则是在不同方面如区域、产业等方面的分析。本书通过构建货币供给方程将货币政策分解为扩张型和紧缩型，在经济结构的不同层面分别实证检验了扩张型和紧缩型货币政策的不同反应，对以往纵横分明的研究方法做以改进，使货币政策差异效应的研究更为细致，相关建议也更具可操作性。

（3）从经济体制和制度安排的角度探索了货币政策作用于经济结构不同层面如区域、行业、城乡以及不同所有制企业时产生差异效应的深层次原因。与经典理论不同的是，我国经济体内部存在极大的异质性，加之我国正处于经济体制转型的特殊时期，经济结构不同层面的不均衡发展和制度体制安排不合理之间的"错位"现象才是我国货币政策效应表现出巨大差异性的根本原因。这种差异性仅从经济学经典理论很难解释，本书从我国经济体制和制度安排的角度探索现实现象的解释，具有一定的创新性。

（4）探索了有利于当前经济结构调整的差异化货币政策操作方法。当前我国经济发展错综复杂的环境和结构优化调整的政策目标对货币政策的有效性和灵活性都提出了新的要求。央行不仅要在货币政策的操作上把握节奏动态微调，更要在各种工具间合理搭配，用差异化货币政策操作应对复杂多变的经济环境。本书从存款准备金率、再贴现和再贷款、窗口指导和道义劝告、差异化管理方式以及政策倾斜等多个方面对差异化货币政策操作进行了探索，与以往研究相比所提建议更详尽具体、也更具可操作性。

第三节　政策建议

根据本书的分析结论，并结合当今我国货币政策操作实际，我们提出如下若干可供货币政策决策部门参考的建议：

第一，保障我国货币政策传导渠道畅通。由于我国正处于经济体制转轨时期，市场机制还不健全，金融运行机制仍存在一定缺陷，因此，保证货币政策传导渠道的畅通需要从以下几个方面加强改进：一是要保证我国货币政策信贷传导渠道的畅通。由于我国近年来经济的膨胀式发展，国有商业银行经历了跨越式发展，最终造成国有商业银行和国家金融体系之间的不平衡发展。由于当下以及今后一段时间内货币政策传导的主渠道仍是信贷渠道，保证我国信贷传导渠道的畅通首先要解决我国国有商业银行内部贷少存多的机制问题；其次要解决我国实体经济和金融体系之间的二元结构问题，给中小型、地方性金融机构的发展提供条件和保障；最后还需要健全例如评级体系、担保体系等保证信贷渠道畅通的辅助机制。二是要大力推进利率市场化进程。尽管我国已于 2013 年 7 月 20 日全面放开金融机构贷款利率管制，但目前我国利率渠道仍没有完全发挥其货币政策传导主渠道之一的作用。建议在货币市场、债券市场利率逐步市场化的同时，适当扩大金融机构定价自主权，加快推进存贷款利率的市场化改革。三是要积极推动和完善金融市场的发展。资产价格传导渠道作为另外一条货币政策的传导主渠道，在我国也一直未能充分发挥其作用。究其原因在于我国资本市场还处于发育阶段，没有给货币政策资产价格传导渠道提供基础条件。资本市场由于其资金融通、产权中介以及资源配置方面的基础性作用，对货币政策传导以及经济的影响巨大，因此，积极推动我国金融市场的发展、完善相关政策及法律法规，对我国资本市场的健全发展、疏通货币政策的传导渠道有着重要意义。另外，还需要积极探索金融创新，增加货币市场交易主体、丰富市场交易品种，拓宽货币市场的深度和广度，提高货币政策传导的效率。

第二，提高我国货币政策操作的灵活性。首先，应对我国央行现有的体制进行适度调整。可以借鉴美国经验将各区域分支行负责人纳入货币政策委员会，在听取来自各区域经济分析意见的基础上制定体现我国区域间经济金融的差异的货币政策；也可以吸取欧洲先进经验，推行我国人民银行体制改革，提高各大区分行在货币政策制定实施过程中的话语权和控制权。在央行统一货币政策的领导下，给予各大区域或者分行一定范围的自主权，让各区域根据自身经济情况灵活掌握。其次，需要加大货币政策工具的使用频率和使用规模。现阶段我国货币政策工具的使用总体来说还是不充分，缓解货币政策差异效应除了应增强一般性货币政策工具的使用，例如再贷款工具、再贴现工具等，还需要加强窗口指导、利息补贴等选择性货币政策工具的使用。只有不断增强政策工具使用的针对性、加强对经济形势分析的准确性，把一般性政策工具和选择性政策工具合理搭配、协调运行，货币政策操作才能把握节奏、灵活应对，彻底改变以往僵硬的调控方式对经济的损害，实现以预调微调为主、灵活得当的货币政策操作。

第三，积极探索适度差异化的货币政策操作和调控方式的创新。深化体制改革、优化结构调整是一个缓慢的过程，随着改革的推进难度必将不断加大，这都决定了我国货币政策差异效应会长期存在。但短期内，克服货币政策差异效应的切入点应在积极探索适度差异化的货币政策操作和调控方式的创新方面。

对存款准备金制度来说，应继续推进差别化存款准备金制度。一是根据地区实行不同的存款准备金率，增强经济落后地区金融机构服务于地方经济发展的资金实力；二是根据银行规模规定差异化的存款准备金率，大银行设定较高的存款准备金率、中小金融机构则适当降低，扶持中小金融机构的发展；三是有差别存款准备金率调整时，可以不仅仅考虑资本充足性与资产风险程度，还可以将金融机构对中小企业、涉农信贷以及投向竞争性行业的信贷比例考虑进去。

对再贴现工具来说，要加强再贴现政策的引导性。一是央行再贴现政策的制定应向结构调整倾斜。为推动经济落后地区和国家鼓励行业的发展，应实行再贴现政策的行业和区域差异化。二是央行再贴现政策的制定可以考虑向经济落后地区倾斜，适当降低中西部和东北地区分支行再贴现的利率，提高经济落后地区的再贴现分配，引导金融机构加大对国家支持领域和扶持地区的资金支持。在管理上，可以在条件成熟的分行设立再贴现转授权窗口，给分行更大的调控权和自主权。

对再贷款工具来说，要强化再贷款工具的政策支持功能。在我国由于种种原因使用频率和使用规模一直处于较低水平，我国当前再贷款政策主要集中于支农再贷款和中小金融机构再贷款，因此，应强化再贷款政策的信贷支持功能。支农再贷款今后改革的方向应是逐步解决期限短、规模小、贷款覆盖面窄等问题，中小金融机构再贷款可从期限短、利率高和总量小等方面进行改革，强化再贷款工具对中小企业和私营企业的支持作用。

对于"窗口指导"和"道义劝告"工具来说，要进一步发挥其导向功能。窗口指导和道义劝告作为货币政策调控中的选择性政策工具，其使用频率和力度一直不大，其原因在于窗口指导提供的信息质量并不高，对商业银行的贷款投向没有切实的指导意义，而道义劝告缺乏相应的惩罚措施，对商业银行没有威慑力。因此，要提高窗口指导的导向功能需要提高央行信息的质量和指导意见的可行性，使央行为商业银行提供的信息能够有效影响商业银行的决策。而道义劝告则要和相应的惩罚措施联系起来，以惩罚为后盾的道义劝告才是其发挥引导资金流向、扶持特定区域成长的前提保障。

在管理模式的创新方面，要探索不同类型金融机构间的差别化管理。对于经济落后地区的中小金融机构，在其资产负债总体平衡的基础上可以适当降低资产负债比例。对于大型金融机构，可以适当提高其存贷款比例和中长期贷款比例，引导其增大资产的规模和信贷中长期贷款的比例。另外，在调控方式上也可以尝试适度的差别化。大型金融机构由于承受力较强，可以实施直接调控模式以增大其调控力度；而中小金融机构则较适宜间接调控模式，可以保证其接受度和灵活性。对经济发达地区和城市地区可以用直接调控增大调控效果，对经济落后地区和农村地区则使用间接调控避免过度紧缩对经济造成损害。在货币政策实施过程中，在不同类型金融机构间适当使用差别化的管理方式，有助于减少货币政策的差异化效应、提高货币政策的总体有效性。

第四节　局限性和研究展望

一　本书局限性

对货币政策效应差异化的研究是货币政策研究中的重点及难点领域，既是一项复杂的系统工程，也是一项极富挑战性的工作。虽然笔者进行了大量文献阅读和对我国货币政策在经济结构各个层面的传导进行了尽可能严谨的分析，但限于笔者的学识和精力，文章仍存在一些不足之处。例如统计口径的不断改变，一些数据质量较差，使本书的实证检验结果不是十分完美。由于篇幅有限，本书货币政策差异效应的研究内容不够全面，例如，没有涉及货币政策在正规金融部门与非正规金融部门的效应差异等。关于货币政策差异效应的形成原因，本书立足体制转轨、结构调整的特殊时期，从我国改革开放以来制度和体制的沿革角度对差异效应的形成原因进行逻辑推理。但是值得商榷的是，制度和体制的因素究竟对我国货币政策差异效应有多大的解释力度还无法定论。本书在这些方面的局限性还有待进一步分析讨论。

二　研究展望

本书研究对我国货币政策理论的完善和货币政策的制定实施都具有一定的创新和实践意义，随着国家统计制度的完善、知识积累和技术进步，笔者希望未来研究可以在以下几个方面取得新的突破：

（1）本书对货币政策的衡量主要采用货币供应量，并未考虑其他的货币政策变量，比如信贷规模以及利率等货币政策工具的作用效果。一是由于我国目前利率尚未完全市场化，理论界关于货币政策通过利率渠道和资产价格渠道发挥作用仍存在较大争议；二是目前我国信贷规模的统计口径过于笼统，不能满足多层面实证研究的需要。但是，随着我国利率市场化进程的推进以及统计口径的不断科学完善，未来可以做出更为细致的分析，这有待于今后进一步深入研究。

（2）货币政策作为最重要的经济调控手段之一，对经济的影响是全方位的，会涉及经济领域的各个方面。当前国家正处于经济调整转型和体制转轨的双重变革时期，经济在多个层面表现出非均衡性也实属正常，因此，货币政策差异效应的表现也不应仅限于本书的研究视角，除区域、行业、城乡、不同性质企业以外还应在经济结构别的层面有所体现，例如，消费结构、收入结构、投资结构以及国际收支结构等，都可以作为今后研究的方向继续深入下去。

（3）针对我国货币政策在经济结构多个层面表现出来的差异效应，本书试探性地提出了一些差别化货币政策的操作建议，但由于笔者的知识有限，对我国制度和体制上的认识尚浅，面对我国复杂的经济状况和特殊的国情需要这些差别化操作仍然略显单薄。如何评估差异化货币政策的作用效果以及如何规范差异化货币政策的操作都是未来值得深入探讨的研究领域。

附　录

年份	M2 （亿元）	GDP （亿元）	CPI （上年 = 100）	出口总额 （人民币亿元）
1978	1134. 5	3645. 217474	100. 7	167. 6
1979	1339. 1	4062. 579191	101. 9	211. 7
1980	1661. 2	4545. 623973	107. 5	271. 2
1981	2027. 4	4891. 561062	102. 5	367. 6
1982	2369. 9	5323. 350965	102	413. 8
1983	2788. 6	5962. 651568	102	438. 3
1984	3583. 9	7208. 051718	102. 7	580. 5
1985	4264. 9	9016. 036581	109. 3	808. 9
1986	5354. 7	10275. 17922	106. 5	1082. 1
1987	6517	12058. 61513	107. 3	1470
1988	7425. 8	15042. 82301	118. 8	1766. 7
1989	10786. 2	16992. 31911	118. 0	1956
1990	15293. 4	18667. 82238	103. 1	2985. 8
1991	19349. 9	21781. 49941	103. 4	3827. 1
1992	25402. 2	26923. 47645	106. 4	4676. 3

年份	M2 （亿元）	GDP （亿元）	CPI （上年＝100）	出口总额 （人民币亿元）
1993	34879.8	35333.92471	114.7	5284.8
1994	46923.5	48197.85644	124.1	10421.8
1995	60750.5	60793.72921	117.1	12451.8
1996	76094.9	71176.59165	108.3	12576.4
1997	90995.3	78973.035	102.8	15160.7
1998	104498.5	84402.27977	99.2	15223.6
1999	119897.9	89677.05475	98.6	16159.8
2000	134610.3	99214.55431	100.4	20634.4
2001	158301.9	109655.1706	100.7	22024.4
2002	185006.97	120332.6893	99.2	26947.9
2003	221222.8	135822.7561	101.2	36287.9
2004	254107	159878.3379	103.9	49103.3
2005	298755.7	184937.369	101.8	62648.1
2006	345603.59	216314.4259	101.5	77597.2
2007	403442.21	265810.3058	104.8	93563.6
2008	475166.6	314045.4271	105.9	100394.9414
2009	606225.01	340902.8126	99.3	82029.69393
2010	725851.8	401512.7952	103.3	107022.8428
2011	851590.9	473104.0486	105.4	123240.5957
2012	974159.2	519470.0992	102.6	129359.25
2013	1106524.98	568845.2098	102.6	137131.4343

附表 2

各省份国民生产总值

单位：亿元

年份	北京	天津	河北	上海	江苏	浙江	福建	山东	广东	海南	山西	安徽	江西	河南	湖北	湖南
1978	108.84	82.65	183.06	272.81	249.24	123.72	66.37	225.45	185.85	16.40	87.99	114.10	87.00	162.92	151.00	146.99
1979	120.11	93.01	203.22	286.43	298.55	157.75	74.11	251.60	209.34	17.45	106.43	127.50	104.15	190.09	188.46	178.01
1980	139.07	103.53	219.24	311.89	319.80	179.92	87.06	292.13	249.65	19.33	108.76	141.00	111.15	229.16	199.38	191.72
1981	139.15	107.96	222.54	324.76	350.02	204.86	105.62	346.57	290.36	22.23	121.71	170.60	121.26	249.69	219.75	209.68
1982	154.94	114.11	251.45	337.07	390.17	234.01	117.81	395.38	339.92	28.86	139.22	187.10	133.96	263.30	241.55	232.52
1983	183.13	123.42	283.21	351.81	437.65	257.09	127.76	459.83	368.75	31.12	155.06	215.70	144.13	327.95	262.58	257.43
1984	216.61	147.53	332.22	390.85	518.85	323.25	157.06	581.56	458.74	37.18	197.42	265.80	169.11	370.04	328.22	287.29
1985	257.12	175.78	396.75	466.75	651.82	429.16	200.48	680.46	577.38	43.26	218.99	331.40	207.89	451.74	396.26	349.95
1986	284.86	194.74	436.65	490.83	744.94	502.47	222.54	742.05	667.53	48.03	235.11	382.80	230.82	502.91	442.04	397.68
1987	326.82	220.12	521.92	545.46	922.33	606.99	279.24	892.29	846.69	57.28	257.23	442.60	262.90	609.60	517.77	469.44
1988	410.22	259.71	701.33	648.30	1208.85	770.25	383.21	1117.66	1155.37	77.00	316.69	546.90	325.83	749.09	626.52	584.07
1989	455.96	283.49	822.83	696.54	1321.85	849.44	458.40	1293.94	1381.39	91.32	376.26	616.20	376.46	850.71	717.08	640.80
1990	500.82	310.95	896.30	756.45	1416.50	898.00	522.30	1511.19	1559.00	102.50	429.30	658.00	428.62	934.65	824.38	744.40
1991	598.89	342.75	1072.10	893.77	1601.40	1081.80	619.90	1810.54	1893.30	120.50	468.50	663.60	479.37	1045.73	913.38	833.30
1992	709.10	411.00	1278.50	1114.32	2136.00	1365.10	784.70	2196.53	2447.50	181.70	551.10	801.20	572.55	1279.75	1088.39	987.00
1993	863.53	536.10	1690.80	1511.61	2998.20	1909.50	1128.30	2779.49	3431.90	258.10	671.60	1069.80	723.04	1662.76	1424.38	1259.60
1994	1084.03	725.14	2187.50	1971.92	4057.40	2666.90	1675.70	3872.18	4516.60	331.00	805.80	1488.50	948.16	2224.43	1878.65	1666.60
1995	1394.89	920.11	2849.52	2462.57	5155.25	3524.79	2160.52	5002.34	5381.72	364.17	1092.48	2003.58	1205.11	3002.74	2391.42	2195.70

续表

年份	北京	天津	河北	上海	江苏	浙江	福建	山东	广东	海南	山西	安徽	江西	河南	湖北	湖南
1996	1615.73	1102.40	3452.97	2902.20	6004.21	4146.06	2583.83	5960.42	6519.14	389.53	1308.01	2339.25	1517.26	3661.18	2970.20	2647.16
1997	1810.09	1235.28	3953.78	3360.21	6680.34	4638.24	3000.36	6650.02	7315.51	409.86	1480.13	2669.95	1715.18	4079.26	3450.24	2993.00
1998	2011.31	1336.38	4256.01	3688.20	7199.95	4987.50	3286.56	7162.20	7919.12	438.92	1486.08	2805.45	1851.98	4356.60	3704.21	3118.09
1999	2174.46	1450.06	4569.19	4034.96	7697.82	5364.89	3550.24	7662.10	8464.31	471.23	1506.78	2908.58	1853.65	4576.10	3857.99	3326.75
2000	2478.76	1639.36	5088.96	4551.15	8582.73	6036.34	3920.07	8542.44	9662.23	518.48	1643.81	3038.24	2003.07	5137.66	4276.32	3691.88
2001	2845.65	1840.10	5577.78	4950.84	9511.91	6748.15	4253.68	9438.31	10647.71	545.96	1779.97	3290.13	2175.68	5640.11	4662.28	3983.00
2002	4330.40	2150.76	6018.28	5741.03	10606.85	8003.67	4467.55	10275.50	13502.42	621.97	2324.80	3519.72	2450.48	6035.48	4212.82	4151.54
2003	5023.77	2578.03	6921.29	6694.23	12442.87	9705.02	4983.67	12078.15	15844.64	693.20	2855.23	3923.10	2807.41	6867.70	4757.45	4659.99
2004	6060.28	3110.97	8477.63	8072.83	15003.60	11648.70	5763.35	15021.84	18864.62	798.90	3571.37	4759.32	3456.70	8553.79	5633.24	5641.94
2005	6886.31	3697.62	10096.11	9164.10	18305.66	13437.85	6568.93	18516.87	22366.54	894.57	4179.52	5375.12	4056.76	10587.42	6520.14	6511.34
2006	7870.28	4359.15	11660.43	10366.37	21645.08	15742.51	7614.55	22077.36	26204.47	1052.85	4752.54	6148.73	4670.53	12495.97	7581.32	7568.89
2007	9846.81	5252.76	13607.32	12494.01	26018.48	18753.73	9248.53	25776.91	31777.01	1254.17	6024.45	7360.92	5800.25	15012.46	9333.40	9439.60
2008	11115.00	6719.01	16011.97	14069.86	30981.98	21462.69	10823.01	30933.28	36796.71	1503.06	7315.40	8851.66	6971.05	18018.53	11328.89	11555.00
2009	12153.03	7521.85	17235.48	15046.45	34457.30	22990.35	12236.53	33896.65	39482.56	1654.21	7358.31	10062.82	7655.18	19480.46	12961.10	13059.69
2010	14113.58	9224.46	20394.26	17165.98	41425.48	27722.31	14737.12	39169.92	46013.06	2064.50	9200.86	12359.33	9451.26	23092.36	15967.61	16037.96
2011	16251.93	11307.28	24515.76	19195.69	49110.27	32318.85	17560.18	45361.85	53210.28	2522.66	11237.55	15300.65	11702.82	26931.03	19632.26	19669.56
2012	17879.40	12893.88	26575.01	20181.72	54058.22	34665.33	19701.78	50013.24	57067.92	2855.54	12112.83	17212.05	12948.88	29599.31	22250.45	22154.23
2013	19500.56	14370.16	28301.41	21602.12	59161.75	37568.49	21759.64	54684.33	62163.97	3146.46	12602.24	19038.87	14338.50	32155.86	24668.49	24501.67

续表

年份	内蒙古	重庆	四川	贵州	云南	西藏	陕西	甘肃	青海	宁夏	新疆	广西	黑龙江	吉林	辽宁
1978	58.04	67.32	184.61	46.62	69.05	6.65	81.07	64.73	15.54	13.00	39.07	75.85	174.80	81.98	229.20
1979	64.14	75.87	205.76	55.28	76.83	7.30	94.52	67.51	15.19	14.36	45.63	84.59	187.20	91.12	245.00
1980	68.40	84.77	229.31	60.26	84.27	8.67	94.91	73.90	17.79	15.96	53.24	97.33	221.00	98.59	281.00
1981	77.90	90.67	242.32	67.89	94.13	10.40	102.09	70.89	17.49	17.42	59.41	113.46	228.30	111.16	288.60
1982	93.22	100.60	275.23	79.39	110.12	10.21	111.95	76.88	19.95	18.22	65.24	129.15	248.40	121.67	315.10
1983	105.88	111.46	311.00	87.38	120.07	10.29	123.39	91.50	22.45	20.79	78.55	134.60	276.90	150.14	364.00
1984	128.20	131.27	358.06	108.27	139.58	13.68	149.35	103.17	26.42	24.78	89.75	150.27	318.30	174.39	438.20
1985	163.83	151.96	421.15	123.92	164.96	17.76	180.87	123.39	33.01	30.27	112.24	180.97	355.00	200.44	518.60
1986	181.58	170.34	458.23	139.57	182.28	16.93	208.31	140.74	38.44	34.54	129.04	205.46	400.80	227.15	605.30
1987	212.27	190.35	530.86	165.50	229.03	17.71	244.96	159.52	43.38	39.63	148.50	241.56	454.60	297.49	719.10
1988	270.80	240.05	659.69	211.79	301.09	20.25	314.48	191.84	54.96	50.29	192.72	313.28	552.00	368.67	881.00
1989	292.70	278.47	744.98	235.84	363.05	21.86	358.37	216.84	60.37	59.21	217.29	383.44	630.60	391.65	1003.80
1990	319.30	298.40	890.95	260.14	451.67	27.70	404.30	242.80	69.90	64.84	274.00	449.10	715.20	425.30	1062.70
1991	359.70	339.80	1016.31	295.90	517.41	30.53	466.80	271.40	75.10	71.78	335.92	518.60	824.20	463.50	1200.10
1992	421.70	417.90	1177.27	339.91	618.69	33.29	538.40	317.80	87.50	83.14	402.31	646.60	964.00	558.10	1473.00
1993	532.70	549.80	1486.08	416.07	779.21	37.28	661.40	372.20	109.60	103.82	505.63	871.70	1203.20	718.00	2010.80
1994	681.90	751.20	2001.41	521.17	973.97	45.84	816.60	451.70	138.20	133.97	673.68	1198.30	1618.60	968.80	2461.80
1995	832.88	1009.50	3534.00	630.07	1206.68	55.98	1000.03	553.35	165.31	169.75	825.11	1497.56	2014.53	1129.20	2793.37

续表

年份	内蒙古	重庆	四川	贵州	云南	西藏	陕西	甘肃	青海	宁夏	新疆	广西	黑龙江	吉林	辽宁
1996	984.78	1179.09	2985.15	713.70	1491.62	64.76	1175.38	714.18	183.57	193.62	912.15	1697.90	2402.58	1337.16	3157.69
1997	1099.77	1350.10	3320.11	792.98	1644.23	76.98	1300.03	781.34	202.05	210.92	1050.14	1817.25	2708.46	1446.91	3582.46
1998	1192.29	1429.26	3580.26	841.88	1793.90	91.18	1381.53	869.75	220.16	227.46	1116.67	1903.04	2798.89	1557.78	3881.73
1999	1268.20	1479.71	3711.61	911.86	1855.74	105.61	1487.61	931.98	238.39	241.49	1168.55	1953.27	2897.41	1660.91	4171.69
2000	1401.01	1589.34	4010.25	993.53	1955.09	117.46	1660.92	983.36	263.59	265.57	1364.36	2050.14	3253.00	1821.19	4669.06
2001	1545.79	1749.77	4421.76	1084.90	2074.71	138.73	1844.27	1072.51	300.95	298.38	1485.48	2231.19	3561.00	2032.48	5033.08
2002	1940.94	1990.01	4725.01	1243.43	2312.82	166.56	2253.39	1232.03	340.65	377.16	1612.65	2523.73	3637.20	2348.54	5458.22
2003	2388.38	2272.82	5333.09	1426.34	2556.02	189.09	2587.72	1399.83	390.20	445.36	1886.35	2821.11	4057.40	2662.08	6002.54
2004	3041.07	2692.81	6379.63	1677.80	3081.91	220.34	3175.58	1688.49	466.10	537.16	2209.09	3433.50	4750.60	3122.01	6672.00
2005	3895.55	3066.92	7385.11	1979.06	3472.89	250.21	3772.69	1933.98	543.32	606.26	2604.19	4075.75	5511.50	3620.27	7860.85
2006	4791.48	3491.57	8637.81	2282.00	4006.72	291.01	4523.74	2276.70	641.58	710.76	3045.26	4828.51	6188.90	4275.12	9251.15
2007	6423.18	4676.13	10562.39	2884.11	4772.52	341.43	5757.29	2702.40	797.35	919.11	3523.16	5823.41	7104.00	5284.69	11164.30
2008	8496.20	5793.66	12601.23	3561.56	5692.12	394.85	7314.58	3166.82	1018.62	1203.92	4183.21	7021.00	8314.37	6426.10	13668.58
2009	9740.25	6530.01	14151.28	3912.68	6169.75	441.36	8169.80	3387.56	1081.27	1353.31	4277.05	7759.16	8587.00	7278.75	15212.49
2010	11672.00	7925.58	17185.48	4602.16	7224.18	507.46	10123.48	4120.75	1350.43	1689.65	5437.47	9569.85	10368.60	8667.58	18457.27
2011	14359.88	10011.37	21026.68	5701.84	8893.12	605.83	12512.30	5020.37	1670.44	2102.21	6610.05	11720.87	12582.00	10568.83	22226.70
2012	15880.58	11409.60	23872.80	6852.20	10309.47	701.03	14453.68	5650.20	1893.54	2341.29	7505.31	13035.10	13691.58	11939.24	24846.43
2013	16832.38	12656.69	26260.77	8006.79	11720.91	807.67	16045.21	6268.01	2101.05	2565.06	8360.24	14378.00	14382.93	12981.46	27077.65

附表3

各省份各项贷款余额

单位：亿元

年份	北京	天津	河北	上海	江苏	浙江	福建	山东	广东	海南	山西	安徽	江西	河南	湖北	湖南
1978	53.91	80.14	91.51	153.37	115.29	48.90	31.43	133.71	103.55	5.27	46.61	54.58	39.54	99.99	96.78	64.46
1979	74.23	88.74	97.56	165.16	129.70	54.91	36.17	124.88	109.75	5.84	51.77	59.84	44.39	108.14	105.90	72.85
1980	87.34	102.66	114.13	207.92	159.11	73.30	44.81	180.18	156.36	7.43	59.11	66.29	52.12	125.01	120.44	87.34
1981	91.26	107.73	126.40	223.01	195.33	85.85	54.00	206.43	190.45	8.37	65.07	80.18	61.91	146.42	142.62	99.70
1982	109.07	112.61	135.32	228.82	217.87	97.88	67.01	235.42	227.08	13.28	71.21	92.84	70.27	153.73	160.78	112.58
1983	149.48	125.38	156.96	240.92	242.28	109.42	79.96	265.01	264.31	14.51	84.34	101.31	77.51	174.83	183.80	124.10
1984	193.37	138.99	205.55	250.02	333.40	161.39	112.88	366.68	431.09	52.19	120.79	143.99	97.96	229.88	245.21	151.59
1985	253.46	191.04	266.25	333.15	387.06	210.81	131.98	446.49	498.52	40.78	151.24	180.33	127.95	284.91	319.81	186.01
1986	312.70	224.49	333.70	474.18	528.83	295.71	164.32	554.94	636.22	44.95	183.72	236.85	163.84	350.21	397.40	242.85
1987	362.39	260.12	386.38	597.33	571.68	365.87	194.26	667.84	800.12	56.38	215.06	279.97	193.30	392.32	463.22	293.06
1988	415.72	296.18	449.38	608.34	742.10	433.41	255.68	803.14	979.33	86.64	238.25	322.12	231.17	447.99	519.22	362.47
1989	487.06	341.60	524.42	744.97	835.56	505.48	315.33	941.34	1086.20	97.90	280.93	358.84	274.02	511.90	599.03	423.14
1990	552.68	415.91	631.31	964.76	1013.50	618.14	381.93	1166.79	1267.21	119.71	356.90	44.03	339.02	773.04	732.77	519.00
1991	632.69	487.43	741.70	1166.78	1230.49	749.93	453.10	1428.01	1460.58	147.38	432.83	560.79	419.09	945.90	850.22	622.79
1992	730.46	624.82	871.10	1458.32	1480.80	972.09	589.74	1720.55	1813.88	209.95	514.84	681.33	512.57	1127.26	983.48	776.79
1993	971.54	768.57	1059.48	1841.70	1777.80	1247.76	774.65	2079.11	2235.43	300.18	638.10	828.03	710.74	1366.98	1161.00	944.41
1994	1070.33	927.05	1310.16	2323.30	2218.15	1627.84	954.73	2520.44	2638.75	362.12	757.86	1036.71	856.88	1704.82	1396.82	1174.39
1995	1560.59	1113.95	1578.21	2822.71	2875.39	2103.65	1176.63	3128.90	5495.69	418.63	970.66	1279.25	1034.61	2170.17	1750.41	1414.20

续表

年份	北京	天津	河北	上海	江苏	浙江	福建	山东	广东	海南	山西	安徽	江西	河南	湖北	湖南
1996	2082.83	1357.38	1894.66	3457.87	3574.85	2584.09	1467.79	3680.24	6319.77	434.78	1420.11	1535.84	1304.02	2665.41	2273.20	1770.70
1997	2720.68	1502.91	2372.15	4165.81	4454.56	3273.73	1750.38	4456.72	8195.83	504.09	1524.98	1906.17	1477.58	3320.89	2979.33	2123.00
1998	3326.57	1629.12	2795.20	4824.83	5063.57	3897.12	1942.78	5106.79	9501.63	533.52	1741.79	2152.53	1603.58	3878.53	3500.36	2274.41
1999	4007.76	1825.26	3038.32	5475.75	5535.15	4650.50	2255.50	5679.86	10984.76	882.20	1909.21	2180.90	1696.09	4179.51	3528.13	2408.36
2000	5944.61	1863.60	2933.19	6150.43	5614.11	5423.52	2438.82	6209.05	11716.93	622.47	2453.15	2384.90	1739.87	4356.94	3493.91	2403.39
2001	7202.91	2159.86	3098.89	7477.64	6469.08	6482.22	2864.76	7017.66	13093.72	636.65	2408.40	2605.39	1880.94	4885.73	3787.25	2787.92
2002	9230.78	2519.04	3488.18	9366.37	8234.58	8612.81	3110.05	8536.60	15206.62	647.44	2903.18	2941.59	2130.76	5553.58	4312.79	3227.46
2003	11343.28	3426.02	3854.72	11520.30	11299.55	12014.28	3837.51	10467.11	18190.85	733.10	3552.29	3374.59	2545.28	6422.66	5000.74	3796.31
2004	12600.24	3821.38	6152.24	12849.39	13480.98	14350.75	4363.64	11782.83	19530.29	801.21	4016.12	3900.57	2854.02	7092.31	5377.43	4258.03
2005	14996.59	4417.45	6415.23	16798.12	15396.59	17122.00	5063.68	13381.75	20745.27	996.32	4229.00	4313.50	3019.00	7434.53	5649.67	4509.09
2006	17631.71	5106.94	7411.88	18603.92	18485.02	20757.80	6447.72	15709.60	23182.16	1123.28	4788.51	5132.00	3460.80	8567.33	6430.44	5173.87
2007	19053.92	6131.63	8397.82	21709.95	22092.10	24939.89	8065.67	17545.15	26776.12	1228.04	5394.47	6042.50	4026.74	9545.48	7496.46	6037.40
2008	22160.50	7277.46	9453.30	24166.12	26160.72	29658.67	9585.92	20053.91	30224.01	1383.39	5960.33	6948.70	4544.84	10368.05	8465.64	6989.42
2009	30151.60	11152.20	13123.80	29684.10	35296.73	39223.90	12362.32	25961.32	38893.06	1940.86	7814.74	9289.40	6346.99	13437.43	11659.37	9369.81
2010	35352.03	13774.10	15755.74	34154.17	42121.04	46939.00	15231.36	30722.64	46099.26	2514.08	9634.32	11452.30	7843.28	15871.32	14136.58	11303.76
2011	38410.30	15924.70	18143.99	37196.79	47868.30	53239.00	18165.19	35179.00	52167.25	3194.96	11169.35	13729.80	9175.16	17506.24	16395.39	13462.50
2012	43189.50	18396.80	21318.00	40982.50	57652.80	59509.20	22427.50	42899.90	67077.10	3889.60	13211.30	16795.20	11080.10	20301.70	19032.20	15648.60
2013	47880.92	20857.80	24423.22	44357.88	64908.22	65338.78	25963.45	49106.70	75664.16	4630.78	15025.46	19688.18	13111.73	23511.40	21902.55	18141.13

续表

年份	内蒙古	重庆	四川	贵州	云南	西藏	陕西	甘肃	青海	宁夏	新疆	广西	黑龙江	吉林	辽宁
1978	40.33	30.11	107.61	21.62	30.87	1.61	51.74	31.03	6.86	7.18	18.26	46.18	84.60	61.15	134.56
1979	43.64	32.32	115.20	23.30	31.41	2.46	58.16	32.61	7.24	7.33	21.19	48.30	97.20	66.15	145.54
1980	49.29	42.19	140.07	24.93	33.92	2.32	59.37	33.97	7.67	8.62	24.74	55.05	123.30	75.70	173.53
1981	55.87	50.29	160.11	30.09	38.95	2.07	65.46	38.12	7.91	9.00	28.84	60.05	138.00	92.68	203.70
1982	62.02	55.30	173.14	33.99	44.11	2.26	71.85	41.08	9.62	9.19	32.86	66.12	159.00	107.05	214.69
1983	71.06	63.25	192.58	36.14	49.74	3.15	75.34	45.06	10.51	10.14	38.85	72.20	178.60	124.31	240.20
1984	80.91	84.53	270.30	46.22	64.36	5.91	102.73	64.51	11.39	16.89	52.02	90.70	245.40	154.79	289.15
1985	90.54	101.56	321.79	63.41	96.88	7.34	140.61	79.68	21.15	22.74	72.68	118.38	276.80	159.79	359.33
1986	129.14	131.70	459.00	89.77	128.83	6.69	186.22	108.26	29.63	30.22	93.18	152.47	342.20	246.29	495.26
1987	152.02	163.64	546.28	107.76	157.96	5.59	220.73	131.50	40.21	38.51	111.14	186.26	386.18	285.52	621.14
1988	180.21	183.32	625.42	125.17	201.74	10.81	253.94	158.62	48.68	48.11	139.43	210.61	456.43	331.69	764.00
1989	212.76	214.41	732.17	142.73	233.71	15.30	304.94	182.34	58.96	56.86	173.02	277.75	519.48	384.41	913.57
1990	272.92	268.40	912.37	183.91	275.32	17.72	385.21	226.06	72.22	71.93	233.72	278.20	660.80	507.01	1137.62
1991	326.85	336.85	1154.67	234.56	327.36	17.18	463.40	382.55	87.54	93.53	299.59	389.76	814.73	629.01	1390.53
1992	395.16	408.65	1441.45	290.01	414.21	20.84	552.18	340.13	105.14	112.42	380.26	499.20	951.40	762.00	1645.65
1993	529.72	495.71	1782.56	357.00	525.97	32.91	662.86	419.43	133.67	135.32	467.81	664.71	1158.70	934.88	1991.40
1994	674.37	596.96	2218.14	421.07	684.68	40.34	930.08	525.91	176.16	163.65	632.32	835.53	1396.60	1099.77	2412.02
1995	819.87	755.39	2804.16	513.41	924.67	52.25	1132.55	681.08	219.30	199.01	843.38	1055.67	1636.80	1302.76	2881.80

续表

年份	内蒙古	重庆	四川	贵州	云南	西藏	陕西	甘肃	青海	宁夏	新疆	广西	黑龙江	吉林	辽宁
1996	1002.98	913.93	3359.54	610.51	1194.51	59.40	1347.06	837.62	267.87	234.46	1016.20	1203.41	1909.80	1608.84	3556.74
1997	1172.17	1156.13	2948.15	761.88	1496.95	75.81	1602.84	1000.51	252.57	273.16	1215.39	1423.48	2381.10	1913.61	3980.29
1998	1318.75	1358.61	3151.74	840.63	1713.97	78.84	1859.54	1145.01	280.02	310.96	1318.41	1516.49	2702.90	2118.79	4439.65
1999	1364.17	1611.68	3924.16	899.83	1824.04	74.59	2105.84	1211.22	290.67	338.37	1386.78	1719.19	3103.94	2580.41	4833.76
2000	1340.74	1881.29	4053.46	1064.82	1987.83	80.62	2193.12	1171.14	348.57	383.23	1403.13	1613.25	3145.13	2651.18	5195.56
2001	1470.75	1871.98	4498.55	1212.23	2173.45	96.62	2537.55	1268.39	394.68	441.39	1584.73	1764.05	3358.58	2828.25	5597.35
2002	1649.78	2244.72	5158.76	1403.92	2418.48	121.13	2950.84	1469.83	443.24	524.56	1801.15	1941.07	3623.96	3057.70	6247.36
2003	1924.13	2774.81	5910.59	1714.04	2955.57	144.44	3549.60	1727.71	514.29	681.61	2099.09	2320.66	3981.27	3288.87	7222.30
2004	2239.76	3246.28	6475.92	2020.04	3398.29	167.90	3829.58	1907.35	619.85	762.14	2214.66	2759.65	4038.86	3435.02	7753.04
2005	2588.57	3719.52	6743.00	2379.63	3987.58	179.34	3983.19	1942.83	641.62	841.81	2272.08	3056.86	3658.50	3401.30	7958.05
2006	3205.19	4388.28	7833.32	2696.11	4803.51	204.14	4463.21	2112.08	729.83	993.85	2412.69	3595.25	3971.90	3921.60	9117.22
2007	3767.74	5131.69	9200.93	3128.60	5671.66	223.83	5121.16	2448.16	882.13	1196.54	2685.00	4287.79	4256.30	4361.08	10403.88
2008	4527.86	6320.81	11163.39	3569.30	6594.33	219.32	6056.82	2768.44	1033.90	1402.56	2826.53	5066.68	4532.60	4891.01	11794.60
2009	6292.52	8856.56	15680.33	4656.50	8779.63	248.35	8276.64	3739.90	1399.02	1928.71	3782.92	7268.41	5988.30	6300.42	16222.10
2010	7919.47	10999.87	19129.79	5747.50	10568.78	301.82	9971.56	4433.05	1822.65	2419.89	4973.16	8867.52	7230.50	7279.62	19622.00
2011	9727.70	13195.16	25560.40	6841.92	12114.59	409.05	12097.34	5736.20	2231.52	2807.24	6270.21	10408.54	8548.70	8240.92	22831.70
2012	11392.50	15594.20	26163.30	8350.20	14169.00	664.00	14138.20	7196.60	2868.40	3372.10	8386.00	12355.50	8761.10	9270.50	26306.50
2013	13056.68	18005.69	30298.85	10156.96	16128.90	1076.96	16537.69	8822.23	3217.60	3947.29	10377.11	14081.01	10259.90	10805.22	29722.00

附表4

各省份居民消费价格指数

年份	北京	天津	河北	上海	江苏	浙江	福建	山东	广东	海南	山西	安徽	江西	河南	湖北	湖南
1978	100.60	100.00	100.20	100.50	100.10	100.00	100.20	100.30	100.30	100.00	100.00	100.00	100.10	100.10	100.30	99.40
1979	101.80	101.00	101.70	100.90	101.00	102.60	102.80	100.70	104.60	101.00	100.60	102.60	102.10	100.40	102.60	103.30
1980	106.00	105.10	107.20	105.90	105.60	108.80	105.30	105.00	109.50	106.80	103.40	104.10	105.50	104.60	106.80	113.60
1981	101.30	101.30	103.20	101.40	101.50	101.70	102.70	101.80	106.30	106.50	102.50	103.20	103.80	101.40	102.10	102.60
1982	101.80	100.50	100.90	100.30	100.90	101.90	103.40	100.90	102.60	103.80	102.50	100.10	103.10	101.40	100.90	101.60
1983	100.50	100.50	102.00	100.20	100.40	102.80	101.30	102.40	102.80	100.80	101.40	102.20	101.90	101.60	101.70	102.70
1984	102.20	101.80	102.50	102.20	103.00	103.00	102.10	101.50	101.30	102.70	102.60	102.10	102.10	100.80	102.20	103.10
1985	117.60	113.10	106.80	115.20	109.50	114.80	111.30	108.70	114.80	113.10	108.50	107.10	109.00	104.60	108.40	110.90
1986	106.80	106.80	105.70	106.30	107.10	106.20	106.50	104.50	104.90	104.10	105.60	106.20	106.60	105.50	105.50	105.30
1987	108.60	106.80	107.80	108.10	109.20	108.80	109.40	108.20	111.20	109.80	107.40	109.10	106.60	106.30	107.50	109.80
1988	120.40	116.90	118.00	120.10	121.90	121.50	126.50	118.70	129.40	128.10	120.90	120.90	121.80	119.40	119.00	125.60
1989	117.20	114.70	118.70	115.90	117.10	118.20	118.90	117.30	122.10	128.40	119.50	117.20	118.50	118.70	116.30	118.20
1990	105.40	103.00	100.60	106.30	103.20	102.10	99.30	103.40	97.50	102.10	102.20	102.70	102.10	100.70	104.20	100.40
1991	111.90	110.20	103.40	110.50	104.90	103.50	103.50	104.90	101.20	103.90	104.80	106.10	102.80	102.30	104.90	104.40
1992	109.90	111.40	106.10	110.00	106.60	107.50	105.90	106.80	107.30	108.70	107.30	108.20	105.70	105.40	109.60	110.70
1993	119.00	117.60	113.80	120.20	118.20	119.80	115.40	112.70	121.60	123.30	115.10	114.70	114.60	110.40	118.40	116.80
1994	124.90	124.00	122.60	123.90	123.20	124.80	125.30	123.40	121.70	126.70	125.20	126.90	126.90	125.20	125.30	125.30
1995	117.30	115.30	115.20	118.70	115.80	116.60	115.20	117.60	114.00	113.50	116.90	114.80	116.90	116.50	120.00	119.00

续表

年份	北京	天津	河北	上海	江苏	浙江	福建	山东	广东	海南	山西	安徽	江西	河南	湖北	湖南
1996	111.60	109.00	107.10	109.20	109.30	107.90	105.90	109.60	107.00	104.30	107.90	109.90	108.40	110.50	109.40	107.70
1997	105.30	103.10	103.50	102.80	101.70	102.80	101.70	102.80	101.90	100.80	103.10	101.30	102.00	103.50	103.20	102.80
1998	102.40	99.50	98.40	100.00	99.40	99.70	95.70	99.40	98.20	97.30	98.60	100.00	101.00	97.50	98.40	100.20
1999	100.60	98.90	98.10	101.50	98.70	98.80	99.10	99.30	98.20	98.30	99.60	97.80	98.60	96.90	97.80	100.50
2000	103.50	99.60	99.70	102.50	100.10	101.00	102.10	100.20	101.40	101.10	103.90	100.70	100.30	99.20	99.00	101.40
2001	103.10	101.20	100.50	100.00	100.80	99.80	98.70	101.80	99.30	98.50	99.80	100.50	99.50	100.70	100.30	99.10
2002	98.20	99.60	99.00	100.50	99.20	99.10	99.50	99.30	98.60	99.50	98.40	99.00	100.20	100.10	99.60	99.50
2003	100.20	101.00	102.20	100.10	101.00	101.90	100.80	101.10	100.60	100.10	101.80	101.70	100.80	101.60	102.20	102.40
2004	101.00	102.30	104.30	102.20	104.10	103.90	104.00	103.60	103.00	104.40	104.10	104.50	103.50	105.40	104.90	105.10
2005	101.45	101.55	101.80	100.96	102.11	101.32	102.22	101.68	102.25	101.46	102.30	101.35	101.72	102.08	102.90	102.32
2006	100.89	101.51	101.69	101.21	101.62	101.06	100.80	101.01	101.79	101.53	102.03	101.22	101.17	101.29	101.58	101.44
2007	102.41	104.22	104.68	103.15	104.31	104.17	105.23	104.44	103.68	105.04	104.63	105.27	104.84	105.42	104.84	105.57
2008	105.06	105.40	106.20	105.78	105.36	105.03	104.55	105.29	105.60	106.93	107.19	106.17	106.05	107.03	106.27	106.02
2009	98.46	99.03	99.32	99.59	99.57	98.47	98.19	100.00	97.65	99.32	99.58	99.09	99.34	99.42	99.59	99.64
2010	102.40	103.55	103.07	103.11	103.81	103.84	103.22	102.93	103.12	104.84	103.02	103.14	103.04	103.53	102.91	103.11
2011	105.64	104.85	105.70	105.18	105.33	105.38	105.26	105.02	105.32	106.07	105.21	105.56	105.25	105.63	105.76	105.53
2012	103.26	102.73	102.60	102.83	102.57	102.18	102.43	102.10	102.81	103.21	102.50	102.26	102.75	102.54	102.90	102.01
2013	103.30	103.08	102.96	102.30	102.35	102.30	102.47	102.23	102.46	102.77	103.06	102.41	102.53	102.88	102.82	102.54

续表

年份	内蒙古	重庆	四川	贵州	云南	陕西	甘肃	青海	宁夏	新疆	广西	辽宁	吉林	黑龙江
1978	101.50	102.90	98.80	100.30	100.20	100.60	100.60	100.35	100.60	101.20	100.00	100.30	100.10	100.50
1979	102.30	101.50	105.70	102.70	101.10	101.70	101.10	102.15	101.60	102.20	102.60	101.70	101.70	102.50
1980	106.10	107.90	109.40	107.60	104.70	105.30	104.20	105.59	108.10	102.80	110.00	104.40	105.60	107.30
1981	101.90	101.30	102.70	103.10	101.20	103.60	101.70	101.30	102.10	101.60	101.60	102.00	101.60	102.10
1982	101.70	102.70	102.20	102.00	101.80	101.40	101.10	101.77	102.90	100.60	103.30	101.40	104.20	103.00
1983	101.20	102.80	101.20	101.60	101.00	101.50	100.40	100.74	101.60	102.00	102.70	101.70	104.50	102.50
1984	104.00	102.90	100.00	101.90	101.90	103.00	102.50	103.10	102.70	102.40	103.30	103.60	103.50	104.30
1985	109.30	109.90	107.60	107.70	108.20	107.00	109.20	110.70	108.60	107.80	113.00	110.70	110.30	111.80
1986	105.20	104.20	104.80	105.40	106.10	106.00	106.60	106.20	105.80	107.30	106.20	106.70	106.00	106.20
1987	107.80	109.80	107.60	107.10	107.00	108.60	107.60	107.20	107.30	107.20	108.20	108.60	107.60	109.40
1988	116.30	122.70	119.90	119.80	119.80	119.10	119.10	118.00	117.10	114.70	120.80	119.30	120.30	118.00
1989	115.70	117.10	119.80	118.30	118.60	118.30	117.90	117.50	117.20	116.00	121.10	118.20	117.20	114.60
1990	102.30	101.40	103.80	101.80	102.80	101.30	103.20	105.10	107.10	105.00	101.10	103.30	104.90	105.70
1991	104.60	107.00	103.00	104.40	103.10	106.00	104.90	107.60	106.30	108.60	102.80	105.60	106.80	107.40
1992	107.40	111.20	107.40	107.80	108.90	109.70	107.20	108.00	108.30	108.60	105.90	106.70	108.00	109.20
1993	114.10	118.70	116.80	116.00	121.30	111.80	115.40	113.20	114.30	113.00	122.00	115.20	112.60	114.80
1994	122.90	129.70	124.60	122.80	119.20	126.70	123.70	121.80	123.10	126.70	126.00	124.30	120.60	121.90
1995	117.50	119.40	118.50	121.40	121.30	119.00	119.80	118.00	117.10	119.70	118.40	116.10	115.20	116.10

续表

年份	内蒙古	重庆	四川	贵州	云南	陕西	甘肃	青海	宁夏	新疆	广西	辽宁	吉林	黑龙江
1996	107.60	109.70	109.30	109.10	108.70	109.70	110.20	110.80	106.80	110.50	106.50	107.90	107.20	107.10
1997	104.50	103.30	105.10	103.40	104.30	104.80	102.90	104.80	103.80	103.70	100.80	103.10	103.70	104.40
1998	99.30	96.40	99.60	100.10	101.70	98.40	99.00	100.70	100.00	100.20	97.00	99.30	99.20	100.40
1999	99.80	99.30	98.50	99.20	99.70	97.80	97.60	99.50	98.70	97.40	97.70	98.60	98.00	96.80
2000	101.30	96.70	100.10	99.50	97.90	99.50	99.50	99.50	99.60	99.40	99.70	99.90	98.60	98.30
2001	100.60	101.70	102.10	101.80	99.10	101.00	104.00	102.60	101.60	104.00	100.60	100.00	101.30	100.80
2002	102.30	99.60	99.70	99.00	99.80	98.90	100.00	102.30	99.40	99.40	99.10	98.90	99.50	99.30
2003	102.20	100.60	101.70	101.20	101.20	101.70	101.10	102.00	101.70	100.40	101.10	101.70	101.20	100.90
2004	102.90	103.70	104.90	104.00	106.00	103.10	102.30	103.20	103.70	102.70	104.40	103.50	104.10	103.80
2005	102.44	100.76	101.66	101.01	101.43	101.17	101.75	100.76	101.50	100.73	102.44	101.36	101.50	101.18
2006	101.48	102.37	102.31	101.71	101.87	101.48	101.28	101.59	101.94	101.31	101.34	101.22	101.36	101.93
2007	104.61	104.73	105.93	106.41	105.86	105.15	105.53	106.64	105.41	105.49	106.09	105.12	104.80	105.39
2008	105.74	105.57	105.07	107.59	105.70	106.36	108.21	110.09	108.48	108.06	107.78	104.64	105.11	105.56
2009	99.73	98.36	100.80	98.72	100.40	100.52	101.25	102.65	100.75	100.74	97.86	100.05	100.07	100.19
2010	103.20	103.25	103.18	102.92	103.73	103.97	104.10	105.35	104.07	104.33	102.98	103.04	103.70	103.90
2011	105.58	105.30	105.34	105.15	104.85	105.70	105.87	106.14	106.34	105.95	105.90	105.17	105.25	105.83
2012	103.10	102.58	102.53	102.71	102.73	102.79	102.69	103.06	102.03	103.83	103.23	102.84	102.49	103.18
2013	103.23	102.65	102.81	102.54	103.12	103.05	103.16	103.95	103.41	103.95	102.21	102.43	102.90	102.24

参考文献

[1] 吴伟军：《区域企业结构差异对我国货币政策区域效应的影响》，《上海金融》2009 年第 3 期。

[2] 马贱阳：《结构性货币政策：一般理论和国际经验》，《金融理论与实践》2011 年第 4 期。

[3] 休谟：《休谟经济论文选》，商务印书馆 1984 年版。

[4] 黄达：《中国金融百科全书》，经济管理出版社 1990 年版。

[5] 约翰·罗：《论货币和贸易——兼向国家供应货币的建议》，朱泱译，商务印书馆 1986 年版。

[6] 威克塞尔：《利息与价格》，蔡受百译，商务印书馆 1993 年版。

[7] 费雪：《货币的购买力》，商务印书馆 1934 年版。

[8] Keynes, John Maynard, *The General Theory of Employment, Interest and Money*, London: Macmillan, 1936.

[9] 弗里德曼：《论通货膨胀》，中国社会科学出版社 1982 年版。

[10] Lucas R. E., Jr., "Expectations and the Neutrality of Money", *Journal of Economic Theory*, 1972, 4 (2): 103 – 124.

[11] L. B. 托马斯：《货币、银行与金融市场》，机械工业出版社 1999 年版。

[12] 陈学彬：《我国货币政策效应的完全信息博弈》，《经济研究》1996 年第 7 期。

[13] 黄强：《货币政策与中国的经济增长》，陕西人民出版社 1994 年版。

[14] 姜波克：《开放经济下的货币调控与政策搭配》，中国社会科

学出版社 1995 年版。

[15] C. E. 瓦什:《货币理论与政策》, 中国人民大学出版社 2001年版。

[16] Mundell, Robert A. , "A Theory of Optimum Currency Areas", *American Economic Review*, 1961, 51: 57 – 64.

[17] 曹永琴、李泽祥:《货币政策非对称性效应的形成机理研究》,《金融研究》2007 年第 3 期。

[18] Clausen, Volker & Bernd Hayo, "Asymmetries Monetary Policy Effects in Emu", *Applied Economies*, 2006, 38 (10): 1123 – 1134.

[19] Bernanke, B. , A. Gertler, "Inside the Black Box: the Credit Channel of Monetary Policy Transmission", *Journal of Economic Perspectives*, 1995, 9 (4): 27 – 48.

[20] Britton, E. J. Whitley, "Comparing the Monetary Transmission Mechanism in France, Germany and United Kingdom", *Brooking Papers on Economic Activity*, 1997 (1): 1 – 49.

[21] Hallett, A. , G. Peersman, Laura Piscitelli, "EMU in Reality: The Effect of a Common Monetary Policy on Economies with Different Transmission Mechanisms", *Business and Economics*, 1999, 26 (4): 337 – 358.

[22] Bayoumi, Eichen Green, "Ever Close to Heaven? An Optimum – currency – area Index for European Countries", *European Economic Review*, 1997, 41: 761 – 770.

[23] Altavilla, "The Endogeneity of the Optimum Currency Area Criteria", *Economic Journal*, 1998, 7: 1009 – 1025.

[24] Peersman, G. and F. Smets, "The Industry Effects of Monetary Policy in the Euor Area", *Working Paper*, No. 165, European Central Bank.

[25] Aksoy, Yunus, Paul De Grauwe & Hans De Wachter, "Do A-

symmetries Matter for EuroPean Monetary Policy", *European Economic Review*, 2002, 46 (3): 443 – 469.

[26] 安烨:《中国货币政策效应区域差异研究》, 博士学位论文, 东北师范大学, 2011 年。

[27] Cecchetti, S., "Legal Structure, Financial Structure and the Monetary Policy Transmission Mechanism", *NBER Working Papers*, 1999, 5 (2): 9 – 28.

[28] Huchet, Marilyne, "Does Single Monetary Policy Have Asymmetric Real Effects in EMU?" *Journal of Policy Modeling*, 2003, 25 (2): 151 – 178.

[29] George poulos, G., "Measuring Regional Effects of Monetary Policy in Canada", *Preliminary Draft*, Jan, 2001.

[30] Alesina, Barro, "Currency unions", *Quarterly Journal of Conomics*, 2002, 5: 409 – 436.

[31] Alesina, Barro, "Optimal Currency Areas", *NBER Macroe Conomicannual*, 2002 (17): 301 – 345.

[32] Owyang, Michael T. and Wall, Howad J., "Structural Breaks and Regional Disparities in the Transmission of Monetary Policy", Federal Reserve Bank of S. T Louis, *Working Paper*, 2003 – 2008B.

[33] Mauro, D. J. Muellbauer, M. Stephens, "Asymmetries in Housing and Financial Market Institutions and EMU", *CEPR Discussion Papers*, 2004.

[34] Beckworth, "One Nation Under the Fed? The Asymmetric Effects of US Monetary Policy and Its Implications for the United States as an Optimal Currency Area", *Journal of Macroeconomics*, 2010, 32 (3): 732 – 746.

[35] 张志军:《中央银行应注意金融调控的地区差异性》,《金融与保险》1999 年第 6 期。

［36］耿同劲：《货币政策工具区域化研究》，《上海金融》2003 年第 5 期。

［37］孙天琦：《货币政策：统一性前提下部分内容的区域差别化研究》，《金融研究》2004 年第 5 期。

［38］吴旭、蒋难、唐造时：《从区域金融发展差异看金融调控政策的区域化取向》，《中国金融》2004 年第 8 期。

［39］张晶：《我国货币财政政策存在区域效应的实证分析》，《数量经济技术经济研究》2006 年第 8 期。

［40］蒋益民、陈璋：《SVAR 模型框架下货币政策效应的实证分析（1978—2006）》，《金融研究》2009 年第 4 期。

［41］丁文丽：《转轨时期中国货币政策效力的区域差异研究》，中国社会科学出版社 2005 年版。

［42］钟正生：《中国货币政策区域效应的存在性及原因》，《经济研究》2006 年第 3 期。

［43］丘斌、邓佑甜：《基于 VAR 模型的中国货币政策区域不对称效应研究》，《南方金融》2009 年第 2 期。

［44］卢盛荣：《货币政策地区效应——基于地区总供给曲线的理论与实证分析》，《数量经济技术经济研究》2007 年第 3 期。

［45］郭评生、吴伟军：《基于 SVAR 模型的货币政策区域效应存在性的实证研究》，《当代财经》2009 年第 5 期。

［46］曹永琴：《中国货币政策效应区域差异研究》，《数量经济技术经济研究》2007 年第 9 期。

［47］殷德生、肖顺喜：《体制转轨中的区域金融研究》，学林出版社 2000 年版。

［48］李成、李国平：《区域金融：现实检讨与政策处方》，《西安交通大学学报》（社会科学版）2003 年第 3 期。

［49］冯涛、乔笙：《通货膨胀中的地方金融行为分析》，《财贸经济》2006 年第 2 期。

［50］周逢民：《论货币政策的结构调整职能》，《金融研究》2004

年第 7 期。

[51] 吕炜：《中国公共政策：演进、评价与展望》，东北财经大学出版社 2006 年版。

[52] 焦瑾璞、孙天琦、刘向耕：《货币政策执行效果的地区差别分析》，《金融研究》2006 年第 3 期。

[53] 常海滨、徐成贤：《中国货币政策传导机制区域差异的实证分析》，《经济科学》2007 年第 5 期。

[54] 鄂永健：《中国地区间价格水平差距趋于收敛还是发散——基于省级面板数据的单位根检验》，《经济评论》2007 年第 5 期。

[55] 宋旺：《我国货币政策区域效应研究》，硕士学位论文，湘潭大学，2005 年。

[56] 王元：《货币政策非对称效应研究》，博士学位论文，中国社会科学院，2012 年。

[57] J. H. Bocke：《二元社会的经济学和经济政策》，太平洋关系学院出版社 1953 年版。

[58] 刘易斯：《劳动无限供给条件下的经济发展学二元经济论》，北京经济学院出版社 1989 年版。

[59] Econometric Association，"The Endogeneity of the Optimum Currency Area Criteria"，*Economic Journal*，1981，7：1009 – 1025.

[60] 戴根有：《中国货币政策传导机制研究》，经济科学出版社 2001 年版。

[61] 蒋晓婕、马晔华：《我国货币政策城乡传导差异的实证研究》，《安徽农业科学》2007 年第 26 期。

[62] 李善燊、何炼成：《我国货币政策效果的城乡差异》，《当代经济科学》2008 年第 6 期。

[63] 黎晓：《中国货币政策城乡的二元结构效应研究》，硕士学位论文，湘潭大学，2010 年。

[64] 李虹檠、黄鹏:《中国货币政策效力的城乡差异研究》,《上海经济研究》2010 年第 8 期。

[65] 姚德权、黄学军:《中国货币政策效果城乡差异性研究——基于 SVAR 计量模型分析》,《财经理论与实践》2011 年第 11 期。

[66] 张伟进、胡春田:《我国货币政策的城乡区域不对称效应研究》,《商业经济与管理》2014 年第 2 期。

[67] 北京大学中国经济研究中心宏观组:《宏观政策调整与坚持市场取向》,北京大学出版社 1999 年版。

[68] 刘树成:《新一轮经济周期的背景特点》,《经济研究》2004 年第 3 期。

[69] Mark Gertler, "Monetary Policy, Business Cycles and the Behavior of Small Manufacturing Firms", *The Quarterly Journal of Economics*, Vol. 109, No. 2, 1994 (5): 309 – 340.

[70] Simon Gilchrist, "Monetary Policy, Business Cycles and the Behavior of Small Manufacturing Firms", *NBER Working Paper Series*, No. 3892, 1991, 11, pp. 1 – 37.

[71] Michael Ehrmann, "Firm Size and Monetary Policy Transmission Evidence from German Business Survey Data", *ECB Working Paper*, No. 21, 2000, pp. 145 – 174.

[72] Jean Fares, Gabriel Srour, "The Monetary Transmission Mechanism at the Sectoral Level", *Bank of Canada Working Paper*, No. 27, 2001, pp. 1 – 36.

[73] Ganley, J. and C. Salmon, "The Industrial Impact of Monetary Policy Shock: Some Stylized Facts", *Bank of England Working Paper*, September, London. 68 – 82.

[74] Hayo, B. and B. uhlenbrock, "Industry Effects of Monetary Policy in germany", *ZEI Working Paper* B14, Center for European Integration Studies, Rheinische Friedrich – Wilhelms – Universitat

Bonn.

[75] Arnold, Vrugt, B., "Regional Effects of Monetary Policy in the Nether Lands", *International Journal of Business and Economics*, 2002, 1 (2): 123 – 134.

[76] Peersman, Gert and Frank Smets, "The Industry Effects of Monetary Policy in the Euro Area", *The Economic Journal*, 2005, 115 (503): 319 – 342.

[77] Georgopoulos, George and Walid Hejazib., "Financial Structure and the Heterogeneous Impact of Monetary Policy across Industries", *Journal of Economics and Business*, 2009, 61 (1): 1 – 33.

[78] Ribon, Sigal, "Industry Effects of Monetary Policy in Israel: A VAR Analysis", *Israel Economic Review*, 2009, 7 (1): 39 – 71.

[79] Ghosh, Saibal, "Industry Effects of Monetary Policy: Evidence from India", *Indian Economic Review*, 2009, 44 (1): 89 – 105.

[80] Carlin, Defina, "Legal Structure, Financial Structure, and the Monetary Policy Transmission Mechanism", *NBER Working Papers*, 1999, 5 (2): 9 – 28.

[81] Claudio Raddatz, Roberto Rigobon, "Monetary Policy and Sectoral Shocks: Did The Federal Reserve React Properly to the High – Tech Crisis", *World Bank Working Paper*, No. 31 – 02003, pp. 1 – 35.

[82] Dedola, Lippi, The Role of Banks in the Monetary Policy Transmission in the New EU Member States Economic Systems, 2009, 33: 360 – 375.

[83] 吴伟军:《我国货币政策区域效应的存在性和影响因素研究——基于区域微观主体差异的分析》,博士学位论文,江西财经大学,2009 年。

[84] 张旭、伍海华:《论产业结构调整中的金融因素——机制、模

式与政策选择》,《当代财经》2002 年第 1 期。

[85] 周逢民:《论货币政策的结构调整功能》,《金融研究》2004 年第 7 期。

[86] 王剑、刘玄:《货币政策传导的行业效应研究》,《财经研究》2005 年第 5 期。

[87] 戴金平、金永军:《货币政策的行业非对称效应》,《世界经济》2006 年第 7 期。

[88] 徐涛:《中国货币政策的行业效应分析》,《世界经济》2007 年第 2 期。

[89] 阎洪波、王国林:《中国货币政策产业效应的非对称研究——来自制造业的实证》,《数量经济技术经济研究》2008 年第 5 期。

[90] 袁申国:《信贷市场金融加速器效应区域差异性研究——以房地产业对货币政策的传导为例》,《山西财经大学学报》2009 年第 8 期。

[91] 廖国民、钟俊芳:《中国货币政策的效力差异(1978—2007)——以工业部门和农业部门为例》,《当代经济科学》2009 年第 1 期。

[92] 杨小军:《中国货币政策传导的行业效应研究——基于利率政策的经验分析》,《山西财经大学学报》2010 年第 9 期。

[93] 叶蓁:《中国货币政策产业异质性及其决定——基于上市公司面板数据的实证分析》,《财经论丛》2010 年第 1 期。

[94] Bernanke, Ben & Mark Gertler, "Agency Costs, Net Worth and Business Fluctuation", *The American Economic Review*, Vol. 79 (1), 1989, pp. 14 – 31.

[95] Bernanke, Ben & Mark Gertler, "Inside the Black Box: The Credit Channel of Monetary Policy Transmission", *The Journal of Economic Perspectives*, Vol. 9 (4), 1995, pp. 27 – 48.

[96] Anil K. Kashyap and Jeremy C. Stein, *Monetary Policy and Bank*

Lending, The University of Chicago Press, 1994.

[97] Thoma, A. M., "Subsample Instability and Asymmetries in Money – Income Causality", *Journal of Econometrics*, Vol. 64 (2), 1994, pp. 279 – 306.

[98] Gertler, Mark and Simon Gilchrist, "Monetary Policy, Business Cycles and the Behavior of Small Manufacturing Firms", *Quarterly Journal of Economics*, 1994, 109: 309 – 340.

[99] Spencer, Andrew, "Legal Structure, Financial Structure and the Monetary Policy Transmission Mechanism in the Monetary Transmission Process", *Recent Developments and Lessons for Europe*, ed., 1999, Deutsche Bundesbank, Palgrave: 170 – 194.

[100] Anil K. Kashyap, The Lending Channel and European Monetary Union, European Monetary Policy, Pinter, London, 1997, pp. 42 – 71.

[101] Kim, Jaechil, Shawn Ni and Ronald A. Ratti, "Monetary Policy and Asymmetric Response in Default Risk", *Economics Letters*, 1998, 60 (1): 83 – 90.

[102] Eugenio Aiotti, Andrea Generale, "Does Monetary Policy Have Asymmetric Effects? A Look at the Investment Decision of Italian firms", *European Central Bank Working Paper* series, No. 110, 2001, 11, pp. 6 – 57.

[103] Nilsen, J. H., "Trade Credit and the Bank Lending Channel", *Journal of Money*, *Credit and Banking*, 2002, 34 (1): 226 – 253.

[104] Love, I., L. A. Preve and V. Sarria – Allende, "Trade Credit and Bank Credit: Evidence from Recent Financial Crises", *Journal of Financial Economics*, 2007, 83 (2): 453 – 469.

[105] 吴建环、王韬、赵君丽:《金融加速器理论及其发展》,《统计与决策》2004 年第 4 期。

[106] 赵平:《企业负债率:形成我国货币政策区域效果差异的重要因素》,《上海金融》2006年第8期。

[107] 卓凯:《金融深化与经济效率负相关:基于信贷配置扭曲的解释》,《财经理论与实践》2005年第2期。

[108] 伍中信、李芬:《国有控股、投资效率与信贷资源配置》,《财经问题研究》2010年第11期。

[109] 张敏、张胜、申慧慧、王成方:《政治关联与信贷资源配置效率——来自我国民营上市公司的经验证据》,《管理世界》2010年第11期。

[110] 徐龙炳:《货币政策效果的度量——中国货币政策效果的定量评价》,复旦大学出版社2001年版。

[111] 江其务:《经济后转轨期的货币金融改革》,经济科学出版社2003年版。

[112] 李南成:《货币政策传导效应研究——计量经济模型方法及应用》,西南财经大学出版社2011年版。

[113] Mankiw Gregory, "The Inexorable and Mysterious Trade off between Inflation and Unemployrnent", *The Economic Journal*, 2001, 111 (471): C45 – C61.

[114] R. 麦金农:《经济市场化的次序——向市场经济过渡时期的金融控制》,上海三联书店1997年版。

[115] 周英章:《转型期中国货币政策的有效性及其提升途径——基于以货币供应量为中介目标的货币政策有效性的理论与实证研究》,博士学位论文,浙江大学,2002年。

[116] 张宇:《过渡之路》,中国社会科学出版社1997年版。

[117] 蒋英琨、刘艳武、赵振全:《货币渠道与信贷渠道传导机制有效性的实证分析——兼论货币政策中介目标的选择》,《金融研究》2005年第5期。

[118] 庞明川:《中国特色宏观调控的实践模式与理论创新》,《财经问题研究》2009年第12期。

[119] 吴超林：《宏观调控的制度基础与政策边界分析》，《中国社会科学》2001 年第 1 期。

[120] 张曙光：《对目前中国货币政策及其实施的总体评论》，中宏网，2002 年 9 月 3 日。

[121] 顾海波：《本次宏观调控成为"空调"》，http：//www. soufun. com，2006 - 05 - 11。

[122] 陈东琪、宋立：《我国宏观调控 30 年》，载邹东涛主编《中国经济发展和体制改革报告·中国改革开放 30 年（1978—2008）》，社会科学文献出版社 2008 年版。

[123] 魏加宁：《改革开放 30 年之宏观调控：回顾与反思》，国研网，2008 年 2 月 21 日。

[124] 王健：《透视改革开放以来的六次宏观调控》，《前线》2008 年第 9 期。

[125] 中国社科院经济所宏观课题组：《投资、周期波动与制度性紧缩效应》，《经济研究》1999 年第 3 期。

[126] 华民：《宏观调控的宏观基础究竟在哪里》，《上海证券报》2007 年 11 月 28 日。

[127] 黄伯平：《宏观调控的理论反思》，《社会科学研究》2008 年第 3 期。

[128] "中国改革与发展"专家组：《中国经济的"软着陆"：我国宏观调控经验的初步总结》，上海远东出版社 1998 年版。

[129] 北京大学中国经济研究中心宏观组：《寻求多重经济目标下的有效政策组合》，《经济研究》1998 年第 4 期。

[130] 黄达、张杰：《全球经济调整中的中国经济增长和财政货币政策组合》，中国人民大学出版社 2007 年版。

[131] 王瑞泽：《制度变迁下的中国经济增长研究》，中国社会科学出版社 2014 年版。

[132] 戴维·罗默：《高级宏观经济学》，商务印书馆 2001 年版。

[133] 滑冬玲：《制度变迁与转轨国家的金融发展》，中国社会科学

出版社 2012 年版。

[134]《邓小平文选》（第三卷），人民出版社 2001 年版。

[135] 樊纲：《中国市场化指数——各地区市场化相对进程 2009 年报告》，财经科学出版社 2010 年版。

[136] 汪洋：《中国货币政策框架研究》，中国财政经济出版社 2008 年版。

[137] ［美］古扎拉蒂：《计量经济学》，中国人民大学出版社 2000 年版。

[138] 李子奈、叶阿忠：《高等计量经济学》，清华大学出版社 2000 年版。

[139] 王振龙：《时间序列分析》，中国统计出版社 2000 年版。

[140] 高铁梅：《计量经济分析方法与建模》，清华大学出版社 2009 年版。

[141] Friedman, M. and A. Schwartz, *A Monetary History of the United States*, 1867 – 1960, Princeton, NJ: Princeton University Press, 1963.

[142] ［美］邹至庄：《经济计量学》，中国友谊出版公司 1988 年版。

[143] 易丹辉：《数据分析与 Eviews 应用》，中国统计出版社 2005 年版。

[144] ［美］皮特·肯尼迪：《计量经济学指南》，中国人民大学出版社 2010 年版。

[145] 李自如、文先明、贺正楚：《从均衡到非均衡——我国区域经济发展历程回顾》，《中国国情国力》2002 年第 5 期。

[146] 刘树成：《新一轮经济周期的背景特点》，《经济研究》2004 年第 3 期。

[147] 何孝星：《货币政策与产业政策互约性的理论分析与现实思考》，《南开经济研究》1992 年第 6 期。

[148] 陈建斌：《政策方向、经济周期与货币政策效力非对称性》，《管理世界》2006 年第 9 期。

[149] 曹永琴:《中国货币政策非对称效应形成机理研究》,博士学位论文,复旦大学,2008 年。

[150] 楚尔鸣:《货币政策效果非对称性的理论分析》,《求索》2004 年第 11 期。

[151] 黎和贵:《国外农村金融体系的制度安排及经验借鉴》,《国际金融研究》2009 年第 1 期。

[152] 孙辉:《区域经济协调发展视角下的差异化货币政策研究》,博士学位论文,东北师范大学,2012 年。

[153] [美] 约瑟夫·熊彼特:《经济发展理论》,商务印书馆 1990 年版。

[154] 樊纲、王小鲁、马光荣:《中国市场化进程对经济增长的贡献》,《经济研究》2011 年第 9 期。

[155] 张杰:《中国金融成长的经济分析》,中国经济出版社 1995 年版。

[156] 刘仁伍:《新农村建设中的金融问题》,中国金融出版社 2006 年版。

[157] 黎和贵:《国外农村金融体系的制度安排及经验借鉴》,《国际金融研究》2009 年第 1 期。

[158] 宁娥:《开放经济条件下我国货币政策行业效应研究》,硕士学位论文,西南财经大学,2013 年。

[159] 张妍:《我国货币政策行业效应的非对称性——基于 MS – VAR 模型的计量研究》,硕士学位论文,吉林大学,2011 年。

[160] 易丹辉:《数据分析与 Eviews 应用》,中国统计出版社 2005 年版。

[161] Bernanke, B. S., Gertler, M., "Inside the Black Box: The Credit Channel of Monetary Policy Transmission", *The Journal of Economic Perspectives*, 1995, 9 (4): 27 – 48.

[162] 张维迎:《中国垄断价格改革的时候到了》, http://

learning. sohu. com/20081207/ n261064380. shtml，2008 - 12 - 07。

[163] 张宇：《论国有经济的主导作用》，《经济学动态》2009 年第 12 期。

[164] 《如何解开中国中小企业谜题》，http：//tech. sina. com. cn/ roll/2007 - 05 - 18/1000313 624. shtm，2007 - 05 - 18。

[165] 陈国栋：《民间资本遭遇"玻璃门"限制，危机之下官进民 退》，http：//news. sohu. com/ 20090210/n262139921_ 1. shtml，2009 - 02 - 10。

[166] 《近 5 万亿信贷增长，中小企业占比不足 5%》，http：// news. 163. com/09/0615/12/ 5BRN630C000120GR. html，2009 - 06 - 15。

[167] 刘建刚、肖小勇：《中国垄断价格改革的时候到了》，ht- tp：//www. sasacrc. com/ in_ new1 - 3 - 3928. html，2011 - 02 - 28。

[168] 林毅夫、李志赟：《负政策性负担、道德风险与预算软约 束》，《经济研究》2004 年第 2 期。

[169] 《政协委员称国有企业 8 年所获补贴比利润多 2 万亿》，ht- tp：//news. 163. com/11/0303/09/ 6U79PF6V0001124J. html，2011 - 03 - 03。

[170] 中国人民银行辽通市中心支行课题组：《基层央行货币政策 工具应用与支持"三农"问题研究》，《华北金融》2009 年 第 9 期。

[171] 李晓西：《中国货币与财政政策效果评析》，人民出版社 2007 年版。

相关研究成果

[1] 宋长青、张波：《我国西部经济差异的影响因素分析》，《内蒙古社会科学》2013 年第 3 期。

[2] 宋长青、李子伦：《中国经济增长效率的地区差异及收敛分析》，《城市问题》2013 年第 6 期。

[3] 宋长青、刘聪粉：《中国绿色全要素生产率的测算及分解：(1985—2010)》，《西北农林科技大学学报》2014 年第 5 期。

[4] 宋长青：《中国货币供应量与通货膨胀关系研究》，《人文杂志》2014 年第 8 期。

[5] 王晓军、宋长青：《中小企业信用担保体系的制度性缺陷分析》，《中国财政》2010 年第 7 期。

[6] 刘聪粉、宋长青、仲伟周：《寡头市场下价格时变产品的最优交货时间策略》，《系统工程理论与实践》2014 年第 10 期。

[7] 王晓军、宋长青：《五级人力资源开发平台》，《企业管理》2010 年第 11 期。

[8] 宋长青、王军生：《我国货币政策不同性质企业差异效应研究》，《学术论坛》2016 年第 11 期。

[9] 宋长青、王军生：《我国货币政策城乡差异效应研究》，《西北大学学报》(哲学与社会科学版) 2017 年第 1 期。